«*Einfluss* gewinnt
man durch
*Vernetzung*.»

«*Delegieren* und *dirigieren*,
das sind zwei meiner
*Kompetenzen*.
Das kann ich.»

«Ich habe viel *Geduld* und
ich hasse *Konflikte*.»

«*Schwächen* sind
ungenutzte *Stärken*.»

«*Der Mensch denkt, Gott lenkt*.
Ein abgedroschener
*Spruch*, der für mich *stimmt*.»

«*Die Schweiz* muss *bereit* sein,
zehn bis zwanzig Prozent ihres
Wohlstands *aufzugeben*.»

«Ich bin ein *reflektierter*,
kein gspürsch mi
*Mensch*.»

«*Es ist gut so,
wie es ist*.»

Dieses Buch widme ich meiner Frau Beatrice, unserer Tochter,
den beiden Söhnen sowie meinen Eltern Elisabeth und Fritz Gugger.


Wir haben gemeinsam viele Berg- und Tal-Erlebnisse genossen oder
gemeistert und allen Widrigkeiten gemeinsam getrotzt.
Ihr inspiriert mich täglich, fordert mich heraus, empowert mich und seid
mir die treusten Wegbegleiter. Dass ihr mich mit meinen Stärken
und Schwächen liebt, hat auch dieses Buch ermöglicht.
Ich danke euch von Herzen.

*Nik*

**Nik Gugger**

# Entgegen allen Widrigkeiten

Menschen ermutigen

**WERD**VERLAG.CH

# Zukunft machen

Wer bin ich? Warum bin ich? Was will ich? Das sind Gedanken, die mich seit Jahrzehnten beschäftigen. Im Hier und Jetzt versuche ich zu ergründen, wohin es gehen soll.
In diesem Kontext entstand das Buch – entgegen allen Widrigkeiten.
Im Sinne von «Hallo Zukunft» möchte ich allen herzlich danken, die sich mit ihren Ein- und Ansichten und ihren Texten für dieses Projekt engagiert und in irgendeiner Form mitgewirkt haben. Ein spezieller Dank gebührt meinen Eltern, meiner Ehe-Partnerin, dem Weber Verlag von Annette Weber sowie Hilmar Gernet für die grosse Unterstützung des Buchprojekts. Ohne ihre tatkräftige Unterstützung wäre dieses Buch nie Wirklichkeit geworden. Das erste Skript schrieb ich 2018.
Wie Sir Karl Popper so schön sagt: «Die Zukunft ist weit offen. Sie hängt von uns ab; von uns allen. Sie hängt davon ab, was wir und viele andere Menschen tun und tun werden; heute und morgen und übermorgen. Und was wir tun und tun werden, das hängt wiederum von unserem Denken ab; und von unseren Wünschen, unseren Hoffnungen, unseren Befürchtungen. Es hängt davon ab, wie wir die Welt sehen; und wie wir die weit offenen Möglichkeiten der Zukunft beurteilen.» Diese Gedanken des österreichisch-britischen Philosophen Karl Popper (1902–1994) stehen für eine besondere Art der Zukunftsbetrachtung, die mir gefällt.
Popper will uns sagen, dass die Zukunft auf uns zurückwirkt, indem wir sie durch unsere Handlungen, Vorstellungen, Hoffnungen und Erwartungen selbst erzeugen. Wir sind mit ihr in einer geistigen, antizipierenden Schleife verbunden. Die meisten Menschen stellen sich die Zukunft jedoch anders vor. Es ist das, was von aussen auf uns zukommt.
In diesem Sinne wünsche ich beim Lesen ermutigende und ermächtigende Momente – entgegen allen Widrigkeiten. Ganz im Sinne von «Hallo Zukunft», wir kommen.

*Nik Gugger*

Entgegen allen Widrigkeiten

# Inhalt

**Familie**
«Jetzt pickelt er am richtigen Ort» 10

**Indien**
Global Ambassador für Bildung in Indien 50

**Philosophie**
Niks praktische Philosophie 80

**Empowerment**
Sozialarbeit, eine politische Dienstleistung 100
Empowerment – Engagement 122

**Unternehmer**
Herzblut und Herzschmerz – reformierte Fabrikkirche 134
Beratung und Business 144

**Politik**
Gewissheiten für die Politik 156
Politische Forderungen und Fragen 171
Lobbyist für die politische Sache 192

**Schluss**
Zukunft träumen 224
Nik Gugger – Lebenslauf 228

# Familie

*«Es ist gut so,
wie es ist.»*

# «Jetzt pickelt er am richtigen Ort»

**Fritz,** Jahrgang 1939, Vater (adoptiv) von Nik (Niklaus-Samuel, Kosename: Chläusi)

aufgewachsen mit vier Geschwistern auf dem Bauernhof der Eltern in Uetendorf

Werkzeugmacher und Mechanikermeister, Lehrlingsausbildner, Entwicklungshelfer HEKS, Heimleiter, Gründer der EVP Uetendorf, 1982–1995 Grossrat für die EVP im Kanton Bern

1963–1965: in den USA als Werkzeugmacher

1965–1970: Lehrlingsausbildner Maschinenbau Firma Studer AG, Thun/Steffisburg

1970–1973: in Indien als technischer Leiter (Entwicklungshilfe) am Institut NTTF (Nettur Technical Training Foundation) für Werkzeugmacher als

1974–1980: Technischer Leiter und Ausbildner zur Integration von Menschen mit Einschränkungen in den 1. Arbeitsmarkt sowie Stv. Heimleitung Gehörlosenheim Uetendorf

1981–1995: Heimleiter (mit Ehefrau Elisabeth) Altersheim Turmhuus, Uetendorf, inkl. Einsätze in der Türkei und im Iran (Schweizerisches Katastrophencorps, heute DEZA)

**Elisabeth,** Jahrgang 1941, Ledigname: Wegmüller, Mutter (adoptiv) von Nik (Niklaus-Samuel, Kosename: Chläusi)

aufgewachsen in einer Bäckerei/Tea-Room mit vier Geschwistern

Primarlehrerin, Entwicklungshelferin HEKS und Heimleiterin

1958–1970: kaufmännische Lehre, ein Jahr England, Seminar Marzili, dann sieben Jahre als Primarlehrerin tätig in Brenzikofen, Kanton Bern

1970–1973: in Indien am Institut NTTF, drei Kinder (Nebenjobs: Deutsch-Unterricht für Lehrlinge, Musik)

1974–1980: Hausfrau und Mutter (Nebenjobs: Gehörlosenheim Uetendorf: Altersturnen und Theatergruppe für Weihnachten; div. Stellvertretungen Primarschule Uetendorf)

1981–1995: Ausbildung, dann Heimleiterin (mit Gatte Fritz) Altersheim Turmhuus, Uetendorf, Mitgründung und Prüfungsexpertin des neuen Berufes «Betagtenbetreuerln», Sonntagsschule halten im EGW (Evangelisches Gemeinschaftswerk)

1995–2004: Co-Leiterin Werkmissionsschule für Indigene in Costa Rica; seither pensioniert

1995–2004: Leiter Werkmissionsschule für Indigene in Costa Rica; seit der Pensionierung leben Elisabeth und Fritz wieder auf dem Bauernhof im Lehn, Uetendorf, der ihnen seit gut 50 Jahren gehört.

Hobbys: Wald, Hofstatt und Politik, aktiv in ref. Landeskirche/EGW

Hobbys: Musik (Geige in Quintett), Garten, aktiv in ref. Landeskirche/EGW

**Schwester Christa**, eineinhalb Jahre jünger, verheiratet mit Marcel, Primarlehrerin, vier Kinder

**Schwester Annamarie**, drei Jahre jünger, verheiratet mit Jonathan, Fachangestellte Gesundheit FAG, drei Kinder

## «Etwas machen»

«Wir hätten gerne Kinder gehabt, aber es wollte sich nichts ergeben», erzählt Elisabeth Gugger, damals Lehrerin in Brenzikofen. Fritz Gugger, Werkzeugmacher und Mechanikermeister, erinnert sich an die Schlussfolgerung des jungen Paares aus dieser Situation: «Wir wollen auf dieser Welt etwas zum Guten beitragen – am liebsten in der Dritten Welt.»
Das Hilfswerk der Evangelischen Kirchen der Schweiz, HEKS, suchte damals – im Jahr 1969 – einen technischen Leiter für die Lehrwerkstatt einer Mechaniker- und Werkzeugmacher-Schule in Kerala, Südindien (Ausbildungen: Mechaniker zwei Jahre, Werkzeugmacher vier Jahre; Dual-System nach Schweizer Modell, d. h. Praxis und Theorie). Nach dreieinhalb Jahren sollte das Entwicklungsprojekt unter dem General Manager Dr. N. Reguraj an indische Führungskräfte übergeben werden. Elisabeth und Fritz sagten zu. Sie reisten nach Thalassery, Kerala, einer Kleinstadt in der Grösse von

Familie

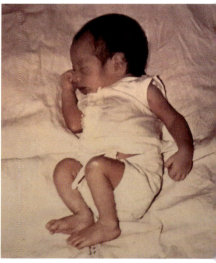

Hebamme Helga Schweizer, beim Fototermin 2020 82-jährig, half N k 1970 im Spital der Basler Mission in Udupi auf die Welt zu bringen.

Die ersten Lebensjahre verbrachte Nik mit seiner Familie in Indien. Mutter Elisabeth (rechts) mit Christa, der jüngeren Schwester von Nik, auf einem indischen Verkehrsmittel, dem Ochsenkarren.

Thun, wo der Gewürzhandel (Pfeffer) florierte und auch die Schweizer Firma Volkart aus Winterthur ihren Sitz hatte (Tee/Kaffee).
Rund 60 Lehrlinge besuchten die Ausbildung in der ehemaligen britischen Militärschule, die später von der Basler Mission übernommen worden war. Auf einem Hügel gelegen, unter hohen Bäumen und Kokospalmen, wurden dort zudem eine aus Basler Missions-Zeiten stammende Ziegelei und eine Weberei betrieben.

### «Gundert Bungalow»

«Wir hatten die Chance, im grossräumigen ‹Gundert-Bungalow› wohnen zu können. Er ist heute ein Museum. Vom weitläufigen Garten sah man hinunter aufs Meer», erinnert sich Elisabeth gerne. Der deutsche Sprachwissenschafter Dr. Hermann Gundert, von der Basler Mission hergeschickt, wohnte hier mit seiner Familie. Als Sprachexperte hat er Kerala zu einem Malayalam-Wörterbuch und einem Dictionary Malayalam/Englisch verholfen und auch die Bibel in Malayalam übersetzt. Zudem gründete Hermann Gundert im südlichen Indien die erste reformierte Gemeinschaft und eine Schule weiterführend bis zur Universität. Im Park des Forts in Thalassery, Bundesstaat Kerala, erinnert eine Statue an ihn. Eines seiner Grosskinder wurde später die Mutter des Schriftstellers Hermann Hesse, der sich für sein Buch ‹Siddhartha› stark in die indische Mythologie versenkte.

> *«Wir hatten die Chance, im grossräumigen ‹Gundert-Bungalow› wohnen zu können. Er ist heute ein Museum.»*

*Wer der Vater des Neugeborenen ist, blieb ihr Geheimnis.*

## Elefantiasis

In der Gegend von Thalassery war die Krankheit «Elefantiasis tropica» stark verbreitet, eine Infektionskrankheit, die nach längerer Inkubationszeit chronische Entzündungen verursacht. Sie wird durch Mückenstiche übertragen. Um untersuchen zu lassen, ob sie infiziert worden waren, reisten Elisabeth und Fritz in das rund 250 Kilometer entfernte Basler Missionsspital. Zum Gebäudekomplex gehörte damals auch ein Waisenhaus, das sie bei ihrem Besuch zufällig entdeckten.

## Zufall

Dem Waisenhaus wurden immer wieder Kinder übergeben bzw im Sinne einer «Babyklappe» überlassen. Am zweiten Tag des Aufenthalts von Fritz und Elisabeth im Missionsspital kam eine Frau mit ihrem Onkel, bei dem sie die letzte Zeit der Schwangerschaft verbracht hatte, zur Entbindung. Sie informierte die Leiterin der Geburtenabteilung anschliessend, dass sie jetzt wieder zurück in ihre Stadt an der Küste müsse, aber ihr Kind nicht werde nach Hause nehmen können. Sie möchte jedoch, dass der beste Platz für das Kind gefunden werde. Die Mutter, sie hiess Anasuya, erwähnte ferner, dass sie zu einer brahmanischen Fischerfamilie gehöre. Sie erbat sich zudem absolute Verschwiegenheit. Wer der Vater des Neugeborenen ist, blieb ihr Geheimnis. Sollte sich der Kinderwunsch von Elisabeth und Fritz in Indien unverhofft, auf wundersame Weise, doch noch erfüllen?

## Gerichtsfall

In einem Rechtsstaat wie Indien kann ein Kind nicht einfach ins Ausland mitgenommen werden. Für eine ordnungsgemässe Adoption brauchte es einen Gerichtsentscheid. Dazu benötigten die jungen Eltern auch einen Pass für ihren Buben. In einem Gericht in Kerala nahm der Fall seinen formellen Lauf. Rund um das Basler Missionsspital wurden Plakate ausgehängt: Wenn jemand Ansprüche auf das Kind habe, solle er sich melden. Elisabeth ist sicher, dass die Mutter von diesen Aushängen hörte, aber wohlweislich nicht darauf reagierte.

Zwei befreundete, gutbetuchte Inder mussten für die Guggers Bürge stehen, für den Fall, dass der indische Staat das Kind zurückfordern sollte. Nach rund einem Jahr war das Gerichtsverfahren abgeschlossen. «Jetzt war das Kind auch rechtlich unser Eigenes.» Elisabeth ist überzeugt, dass der Richter es gut mit ihnen meinte, obwohl sie nur ein einziges Mal an einer der unzähligen Gerichtssitzungen teilgenommen hatten. Bei jedem anderen Gerichtsentscheid, so meint sie trotzig, «hätten wir Chläusi irgendwie rausgeschmuggelt».

Für die beiden gläubigen Entwicklungshelfer war Chläusi ein Geschenk. «Da hatte ein Höherer die Hand drin», glaubt Elisabeth. Gut ein Jahr später passierte nochmals ein «Wunder»: Elisabeth wurde zum ersten Mal schwanger – mit Christa. Drei Jahre später folgte die zweite Tochter, Annamarie. «Die Geburten der Meitschi», so Elisabeth, «verliefen ziemlich normal, im gleichen Spital, halt ganz anders als bei Chläusi.»

*Für eine ordnungsgemässe Adoption brauchte es einen Gerichtsentscheid.*

50. Geburtstag von Nik, 1. Mai 2020, mit den Eltern und seinen Schwestern Annamarie (Mitte) und Christa.

Nik mit einem seiner Söhne und Schwiegervater Hanspeter Josi auf der Terrasse des Bundeshauses (2019).

*«Was, ihr habt meiner Mutter
nicht einmal Danke gesagt
für mich? Oh weh.»*

## Malayalam

«Malayalam», so erinnert sich Elisabeth, «waren die ersten Laute von Chläusi in Indien». Sie hatten keine Bedeutung. Er kopierte einfach die Sprachmelodie des örtlichen Dialekts, die er von den Angestellten in der Küche hörte. Nach der Rückkehr der Familie in die Schweiz (1973) war Indien für Chläusi bis zu seinem 19. Lebensjahr, als man gemeinsam in seine Geburtsstadt flog, kein grosses Thema mehr.
Während Elisabeths Schwangerschaft mit seiner Schwester Annamarie fragte Nik damals: «War ich auch bei dir im Bauch?» Erzieherisch hatten sich die Eltern abgesprochen, alle Fragen rund um Chläusi ehrlich anzugehen. So war die Antwort einfach, erinnert sich Elisabeth: «Nein, du warst bei einer anderen Frau im Bauch». Chläusi, etwas irritiert, fragte gleich bei Vater Fritz nach: «Papa, warst du auch bei Mama im Bauch?» Fritz antwortete: «Nein, ich war auch bei einer anderen Frau im Bauch». Damit blieben für den kleinen Buben keine Fragen mehr offen. Das Thema war erledigt. Erst später, als Kindergärteler, gab es in dieser Sache noch einmal einen Kommentar von Chläusi: «Was, ihr habt meiner Mutter nicht einmal Danke gesagt für mich? Oh weh.»
Wie steht Nik heute zu seinen Eltern? Elisabeth meint, er würde sie selbstverständlich als seine Eltern akzeptieren. Es klingt, wie aus der Zeit gefallen, aber, wenn sie es sagt, dann ist es so – «er achtet uns». Nik frage noch heute in vielen Dingen nach ihrer Meinung, «aber entscheidet dann, wie es ihn am besten dünkt». In diesem Sinn dürfen sie bis heute seinem Ratgeberteam ‹wise-women- and -men-board› angehören.

*Das Entwicklungsprojekt wurde,
wie geplant, nach dreieinhalb Jahren
in indische Hände übergeben.*

## Glaube und Gebet

«Geber aller guten Gaben …», so beten Elisabeth und Fritz zu Beginn des Mittagessens, bei dem wir unser Gespräch weiterführen. «Das Gebet war in unserer Familie eine der Formen und Ausdruck des Glaubens. Bei Tisch und am Abend, beim Zubettgehen». Elisabeth erinnert sich schmunzelnd: Einmal betete Chläusi nach dem Schulfest voll kindlicher Inbrunst: «Danke, lieber Gott, dass ich einen Revolver kaufen konnte».
Elisabeth hat «Vertrauen in den Vater im Himmel, Gott, den Schöpfer. Das ist die Basis für unser Leben und gibt eine innere Freiheit». Es ist ihre und Fritz' Motivation für die eigene Lebensgestaltung. Darum ihr Einsatz in der «Entwicklungshilfe und später in der Werk-Mission». Der Glaube ist ihnen wichtig und so waren sich die beiden für die Erziehung einig: «Die Kinder sollen diese Freiheit im Gottvertrauen auch kennenlernen und üben.»

## Rückkehr in die Schweiz

Mission accomplished. Das Entwicklungsprojekt wurde, wie geplant, nach dreieinhalb Jahren in indische Hände übergeben. Guggers kehrten zurück ins Berner Oberland nach Thun. Fritz arbeitete nun als technischer Leiter der Werkstatt «Stiftung Uetendorf-Berg», einem Gehörlosenheim. Er war Ausbildner zur Integration von Menschen mit Einschränkungen im ersten Arbeitsmarkt sowie Stellvertreter der Heimleitung.
Elisabeth widmete sich der Familie. Später übernahmen sie gemeinsam die Leitung des neuerbauten Altersheims in Uetendorf. Die drei Kinder waren nicht begeistert vom Umzug hinunter ins Dorf, in die Dienstwohnung des Heims. Immerhin, ihre Wohnung auf dem Bauernhof im Lehn, ein Para-

> *«Chläusi war gut mit Zahlen und beim Händele», erinnert sich Elisabeth an die Sackgeld-Zeit.*

dies im Grünen, konnten sie behalten und an Wochenenden nutzen. Bald schätzten die Kinder die Vorteile der neuen Situation: Ein eigenes Zimmer, einen Fernseher im Haus, die Badi ganz in der Nähe. Das dreimal tägliche Essen mit den Betagten störte sie in keiner Weise. Die einzige Regel «immer laut grüssen» wendeten sie ungeniert an. Oft waren sie mit den Angestellten zusammen und halfen bei deren Arbeiten in der Küche, beim Putzen oder beim Servieren an einem Fest. An Weihnachten musizierte die Familie für die Heimbewohner – Annamarie spielte Cello, Christa Klavier, Nik Gitarre, Elisabeth Geige und Fritz Tenorflöte.

## Nicht-Gugger-Gene

«Chläusi war gut mit Zahlen und beim Händele», erinnert sich Elisabeth an die Sackgeld-Zeit. Oft habe er die liegengelassenen Batzen seiner beiden Schwestern, denen sie wenig bis nichts bedeuteten, eingesammelt. Das Delegieren von ungeliebten Arbeiten, beispielsweise das Holz ins Haus tragen, gelang ihm schon als Erstklässler. Für fünf oder zehn Rappen engagierte er seine Schwestern. Elisabeth meint, «die Meitschi spielten dieses Spiel unschuldig mit». Fritz sagt dazu: «Das Delegieren ist kein typisches Gugger-Gen.» Und Elisabeth ergänzt: «Das ist biologisches Erbgut. Das hat er nicht von uns.»
Als kleiner Bub Holz tragen oder als Jugendlicher bei professionellen Möbeltransporten jobben, damit stosse Nik heute in Indien auf Unverständnis, wenn er als Nationalrat von solchen Tätigkeiten aus seiner Jugend erzähle. «In Indien ist es unvorstellbar, dass ein gewähltes Member of Parliament je einmal solche Kuli-Arbeit getan habe und so unglaublich habe unten durch müssen», erzählt Elisabeth.

Familie

Die Eltern Elisabeth und Fritz Gugger besuchten Nik in der Sondersession im Mai 2022 im Bundeshaus (und auf dem Balkon).

Persönliches Empowerment: Dazu gehört für Nik auch der körperliche Ausgleich. Joggen auf dem Winterthurer Vitaparcours; seit Jahren mit dem Designer- und Sportler-Freund Marco Ryser.

*Die Schule gefiel Nik nicht,
jedoch das konzentrierte Lernen.*

Fritz kommt noch eine zweite Nicht-Gugger-Eigenschaft des jugendlichen Chläusi in den Sinn: «Er kann plötzlich von Null auf Hundert verbal aufbrausen. Aber nie hat er jemanden geschlagen.» Es ist wirklich sehr schwer vorstellbar, dass Mutter oder Vater Gugger, die ruhigen, besonnenen, ordentlichen Berner Oberländer, je so reizbar gewesen sein könnten wie ihr Sohn als Kind. Aber heute, 50 Jahre später, ist Nik viel gelassener geworden, wenn «auch nicht ganz in jedem Fall», wie seine Mutter sanft lächelnd meint.

## Lehre und Töffli

Die Schule gefiel Nik nicht, jedoch das konzentrierte Lernen. Er wollte «gut sein» und legte sich dann, meist im zweiten Anlauf, mit Erfolg ins Zeug. Später, als Töffli-Fan, war es sein Ziel, Mechaniker zu werden. Vater Fritz riet ihm aber ab: «Er war kein Handwerker, eher der technische Kaufmann oder eventuell der Unternehmer», diagnostiziert er rückblickend und denkt dabei wohl an die rund 50 Töffli, die Nik damals mit seinem Freund wieder instand setzte und verkaufte.
Eher ohne Begeisterung habe Nik in der Maschinenbau-Firma Studer AG in Steffisburg die Lehre als Mechaniker absolviert. Die Lehrmeister rieten ihm ab, die Schlussprüfung zu wagen. Wegen eines Motorrad- und eines Skiunfalls hatte er zwei Absenzen von insgesamt acht Monaten im letzten Jahr vor dem Lehrabschluss. Ihm fehlten die Übungsstücke und der letzte Schliff. Nik wollte es trotzdem versuchen. Es gelang nicht, obwohl, die schulischen Anforderungen hatte er bestanden, am Praktischen fehlte es.
Nach diesem Tiefschlag erwachte Niks Ehrgeiz: Er wollte unbedingt den Lehrabschluss. Selbstständig organisierte er sich die Wiederholung des

> *In den Armenvierteln von Bogotá und*
> *Cali lernte «Tio Nik» Kleinkinder pflegen,*
> *inklusive entlausen und entwurmen.*

vierten Lehrjahrs bei der Frutiger Firma von Hansueli Wandfluh, dem späteren SVP-Nationalrat, die in den Bereichen Elektronik und Hydraulik tätig war. Nach dem erfolgreichen Abschluss wollte er sein Hobby zum Beruf machen: In einer Motorrad-Werkstatt in Uznach liess er sich anstellen. Die «Zuckerbrot und Peitsche»-Mentalität des Chefs war aber nicht seine Sache. Der ständig erzeugte Druck raubte ihm die Freude an der Arbeit. Nik kündigte in der Probezeit. Was jetzt? Sich den Buben-Berufswunsch erfüllen – Polizist oder Räuber – war selbstredend keine Option.

## Kolumbien

Es scheint bei Guggers fast Familienkultur zu sein, nach der Berufsausbildung eine Weiterbildung in einem anderen Sprachgebiet zu absolvieren. Fritz war anderthalb Jahre als Werkzeugmacher in den USA, Elisabeth als Au-Pair mit Sprachexamen in England. Auch schon Fritz' Grossvater war in seinen Lehr- und Wanderjahren als Schreiner durch Frankreich und Italien gezogen. Nach den «charakterformenden Auslandaufenthalten» von Niks Schwestern – Studentenaustausch in die USA und Kinderheim in Süditalien fand vor allem Elisabeth, der Filius solle Ähnliches unternehmen. Einer der Ärzte, die im Altersheim Uetendorf tätig waren, verbrachte jährlich drei Monate in Kolumbien, wo er zwei eigene Kinderheime betreute. Nik nahm mit ihm Kontakt auf und reiste bald darauf für ein Jahr nach Südamerika. In den Armenvierteln von Bogotá und Cali lernte «Tio Nik» Kleinkinder pflegen, inklusive entlausen und entwurmen. Nachdem er in der Stadt mit Waffen bedroht und bestohlen worden war, auf einer Busreise den Überfall einer Terrorgruppe überlebt hatte, hätten die Eltern ihren Sohn am liebsten sofort zurückgeholt. «Zum Glück», so erinnern sie sich, «haben wir die Details immer erst im Nachhinein erfahren. Und erstmals begannen wir, an unserer Auslandidee zu zweifeln.» Was tun? «Hoffen und beten, war unsere Antwort. Glücklicherweise endete alles gut.»

Auf der Heimreise von Kolumbien in die Schweiz besuchte Nik in Costa Rica noch seine Liebe und spätere Ehefrau, Beatrice. Die Fachfrau Gesundheit, sehr flexibel, betreute dort auf einer Missionsstation eine Kaninchenzucht und arbeitete in einem Landwirtschaftskurs für Indigene mit. Noch heute pflegt Nik Kontakt zu Personen, die ihm in Kolumbien geholfen haben. Er hat sie in der Zwischenzeit mehrmals besucht und so auch sein Spanisch aufgefrischt.

Von einer besonderen Kolumbien-Reise, bei der Nik in einer entscheidenen Nebenrolle dabei war, berichtete sogar die NZZ (12.01.2017). Er begleitete Ständerat Daniel Jositsch, der nach Kolombien reiste, um dort von der Aussenministerin María Ángela Holguín seinen kolumbianischen Pass in Empfang zu nehmen. Jositsch hatte durch eine frühere Ehe mit einer Kolumbianerin das Recht auf die Staatsbürgerschaft erhalten. Zudem hatte er während seiner fünfjährigen Arbeitszeit in Kolumbien das kolumbianische Anwaltspatent erworben. Die NZZ schilderte den Moment nach der Passübergabe: «Einen Kolumbien-Pin am Revers, hält er den kolumbianischen Ausweis in den Händen – stolz reckt er das Dokument empor, als hätte er gerade sein zweites Staatsexamen bestanden. Sein Gefühl wird ähnlich gewesen sein, als die Aussenministerin ihm dieses sehnsüchtig erwartete Papier überreichte: Jositsch wird offiziell vereidigt, muss auf die Rechte und Pflichten der kolumbianischen Staatsbürgerschaft schwören und sich von EVP-Kantonsrat Nik Gugger, welcher ihn begleitet, kurz vorher die Krawatte ausleihen – mit einer so formellen Zeremonie hatte selbst Jositsch nicht gerechnet.»

Familie

Die Krawatte, die Daniel Jositsch bei der Übergabe des kolumbianischen Passes durch die Aussenministerin María Ángela Holguín trug, hatte ihm Nik geliehen. Dafür ist der Ständerat seinem Nationalratskollegen und Freund Nik bis heute dankbar.

*«Nik hat gespürt,
wo seine Gaben liegen.»*

## Kirchgemeinde und Rollorama

Die reformierte Kirchgemeinde im zürcherischen Lindau suchte einen Jugendarbeiter. Nik meldete sich aus Kolumbien auf die offene Stelle. Er bekam den Job, noch ohne entsprechendes Diplom als Jugend- und Sozialarbeiter. Vater Fritz ist noch heute spürbar stolz, dass Nik damals «die Kurve genommen» hat: «Nik hat gespürt, wo seine Gaben liegen.»
In der Kirchgemeinde unterrichtete Nik auch Religion und entlastete die Lehrpersonen der Oberstufe. Wie Fritz und Elisabeth sich erinnern, machte er die Arbeit mit den Jugendlichen nicht im Schulzimmer, sondern ging «mit den Themen hinaus zu den Leuten». Sein Kreuz, so erinnern sie sich aber auch, war der damalige Kirchgemeindepräsident. Der war «nicht sehr erfreut am offenen und innovativen Geist von Nik». Umso mehr unterstützten ihn der Schulpräsident und der Gemeindepräsident. Sie öffneten Nik den Weg in die Schule und in die Sozialkomission.
Nik schaffte sich in der kirchlichen Jugendarbeit in Lindau und in Wülflingen einen guten Namen. «Von verschiedenen Zürcher Gemeinden wurde er später, nach seinem Studium zum Sozialarbeiter HFS/FHS, als Experte für Schulsozialarbeit beigezogen – als es diesen Posten eigentlich in der Gegend noch gar nicht gab», berichtet Elisabeth. Sie erinnert sich an den Elan, den Nik dabei versprühte, und wie es ihm gelang, verschiedene Gemeindebehörden von der Notwendigkeit eines solchen Angebots zu überzeugen. Als «Schulsozialarbeiter» wollte Nik im Schulhaus nicht bloss einen Büroarbeitsplatz haben, sondern auch ein Fach unterrichten. So verband er bei den Jugendlichen praktische Lebenskunde und Religion miteinander. Elisabeth weiss diese Herangehensweise von Nik zu illustrieren: «Ich war in einem Jugendkeller der Kirchgemeinde Wülflingen dabei, wo er die Gruppe Bad Boys angestellt hatte, um Leibesvisitation bei den Jugendlichen

durchzuführen, so dass keine Waffen oder Alkohol in den Keller kamen. Und ohne den von den Eltern unterschriebenen Ausweis kam sowieso auch niemand hinein.» Rückblickend meint sie: «Nik hat ein Flair für aktuelle Sachen und ein Gspüri für Menschen. Vielleicht war das ein Vorzeichen für seine Karriere in der Politik.»

Bereits als Jugendlicher hatte Nik seine ersten praktischen Erfahrungen als Jugendarbeiter gemacht, im Rollorama Thun, einer Skateboard- und Rollerbahn. In diesem Projekt mehrerer evangelischer Kirchgemeinden wurde die Jugend zu seiner Herzensanliegen, dazu kamen CVJM-Lagerleitungen in Südfrankreich, inklusive Gitarre am Lagerfeuer – alles alkoholfrei. Nik engagierte sich in der «Jungen Kirche» der reformierten Landeskirche und im Projekt «Seestrasse Thun».. Elisabeth erzählt begeistert, als wäre es erst gestern gewesen: «Dort erhielten abgestürzte Drögeler Hilfe. Es war eine flippige, bunte Gemeinschaft.»

## Ausländer und lange Haare

Als ehemaliger Lehrlingsausbildner in der Maschinenfabrik Studer AG waren für Fritz lange Haare, mitten in den Maschinen, ein grosses gefährliches Risiko. Besonders auch jene von Nik, die länger waren als die der Mutter. «Das gab daheim allerlei Diskussionen». Um diese zu beenden, habe der Filius jeweils den Standardspruch gebracht: «Dem Grossmueti aber gefallen meine langen Haare». Also behielt er sie und trug bei der Arbeit ein Haarnetz.

*Nik engagierte sich in der «Jungen Kirche» der reformierten Landeskirche und im Projekt «Seestrasse Thun».*

*Übrigens: Das Töffli war eigentlich immer frisiert.*

Sein Verhältnis zu langen Haaren wurde mit 19 durch ein Erlebnis mit jungen indischen Nonnen erschüttert. Auf einer einmonatigen Reise mit Eltern und Schwestern umschwärmten ihn Nonnen und nahmen Nik mit seinen langen Haaren als Mädchen wahr, besonders auch noch wegen seines Ohrschmucks. Zudem erklärte man ihm, dass in Indien lange Haare nur von «ungepflegten Touristen und Hippies» getragen würden.

Töffli, Tempo, dunkler Teint und lange Haare, diese Kombination war mehrfach Anlass dafür, dass Nik von der Polizei kontrolliert wurde. Ob das Töffli frisiert sei, war die Standardfrage an den Langhaarigen. Da er in bestem Bärndütsch auf diese und andere Fragen der Polizist:innen antwortete, so vermuten seine Eltern, liess man ihn immer ziehen. Nur einmal kam er mit seiner ehrlichen Antwort – «i wohne im Autersheim z Uetedorf» – nicht gut an. Der Polizist dachte, es sei ein frecher Witz. Dies alles hätten sie aber erst viel später mal erfahren, erwähnen die Eltern. Übrigens: Das Töffli war eigentlich immer frisiert.

Elisabeth und Fritz wissen auch von zwei anekdotischen Begegnungen, die Nik als «Ausländer» erlebte. – In der Eisenbahn: Anständig fragte Nik eine Frau, ob der Platz neben ihr frei sei, wie man das hierzulande macht. Die Antwort kam wie aus der Pistole geschossen: «Ich will nicht neben einem Dreck-Tamil sitzen.» Nik war sprachlos und suchte sich einen anderen Sitz. – Im Lift: Die andere Begegnung der unerfreulichen Art ereignete sich während seiner Lehrzeit, als er in den Fabrik-Lift einsteigen wollte. «Das Boot ist voll», sagte der Arbeiter, der bereits im Lift stand, und schloss die Tür. Nik nahm die Treppe. «Geschützt hat Nik ein glückliches Gen, das ihm mit gesundem Selbstvertrauen ausgestattet hat», meint Fritz zu den haarsträubenden Begegnungen.

Familie

Das zerknitterte «Jugendfoto» von Nik aus dem Portemonnaie seiner Frau Beatrice.

Im Modi- bzw. Ghandi-Jackett, der indischen «Präsidenten-Kutte», macht Nik als Wahlkämpfer eine gute Figur.

*«Jetzt ist er voll und ganz Politiker, mitgetragen von seiner Familie und vor allem von seiner Frau Beatrice.»*

## Familie für Politik neu arrangiert

«Dass Nik eine politische Karriere macht, hätten wir nie gedacht. Er selbst wohl auch nicht. Politisch haben wir unsere Kinder gar nicht gepusht», finden Elisabeth und Fritz einmütig. Auch wenn beide sehr politisch denkende, vielfach gesellschaftlich engagierte und verantwortungsvoll handelnde Personen waren und sind. Ihnen sei es immer «um die Aufgabe, nicht um eine Karriere» gegangen.
Heute erleben sie Nik als Profi-Politiker, als Nationalrat. Treffend bringt es Fritz auf den Punkt: «Jetzt pickelt er am richtigen Ort.» Seine Mutter sieht in ihm ein «Musterbeispiel» für jemanden, der in eine Aufgabe hineinwächst. «Jetzt ist er voll und ganz Politiker, mitgetragen von seiner Familie und vor allem von seiner Frau Beatrice», sagt Elisabeth. Das sei anfänglich nicht leicht gewesen. Das eine oder andere Mal stieben «familiäre Funken». Seine Frau habe eine eigene Meinung, einen eigenen Beruf – Fachfrau für Kinder-Krankenpflege – und eigene Vorstellungen vom Leben, sinniert Niks Mutter. Die Familie musste sich mit dem Nationalrat-Vater neu arrangieren. «Mit der Wahl ins Bundesparlament musste seine Frau zeitweise allein für die Familie da sein. Sie hat es geschafft und bewältigt den neuen Rhythmus bestens», beobachtet Elisabeth aus der Ferne zufrieden.

## Personen wichtiger als Programm

Von ungefähr kommt das Interesse für Politik bei Nik nicht. Die Gugger-Eltern waren gesellschaftlich, kirchlich und politisch aktiv, haben oft in Kommissionen und Arbeitsgruppen mitgewirkt. Elisabeth erläutert: «Wir haben den Kindern immer erzählt, weshalb wir weg waren.» Sie hätten in

einfachen Worten erklärt, dass es bei den Treffen beispielsweise um den Bau einer Dorfumfahrungsstrasse ging. Warum die Bauern und die Umweltschützer gegen die Strasse, die anderen, die Mehrheit, aber dafür waren.
Bei Fritz wurde aus dem gelegentlichen ein permanentes politisches Engagement. Er gründete die EVP Uetendorf – die Evangelische Volkspartei. Warum? «Das christliche Programm war schon grundlegend, aber wichtiger als das Parteiprogramm waren die Beziehungen, die Personen.» Er wollte für das Gedankengut der EVP einstehen. Eine politische Karriere sollte es aber nicht werden. «Es war der Schock meines Lebens», sagt er noch heute, als er 1982 unerwartet in den Grossen Rat des Kantons Bern gewählt wurde. Den Schock verdaute er so gut, dass er 13 Jahre im Kantonsparlament blieb, lange sogar als Fraktionschef (bis zur Auswanderung der Familie nach Costa Rica).

## «Bin ich falsch?»

Fritz erzählt, dass ihn in den Politiker-Jahren eine Situation besonders belastet habe. Dann, wenn es darum ging, sich in einer Sache früh positionieren zu müssen. «Man musste diese Haltung dann durchziehen. Auch wenn man für die Haltung des Gegners, beispielsweise auf einem Podium, viel Verständnis hatte. Da ging mir durch den Kopf: ‹bin ich falsch?› Aber die Seite wechseln, kann man nicht mehr. Das käme nicht gut an. Das würde niemand verstehen.»
Selbst ordnet sich Fritz dem «konservativen Flügel» der EVP zu. Gar nichts am Hut habe er mit der Eidgenössisch-Demokratischen Union EDU. Diese spaltete sich in den Achzigerjahren von der EVP ab. Sie war ihm zu fundamental-christlich, zu konservativ. Dennoch, einmal im Jahr treffen sich die

beiden Kleinparteien in Thun zum Polit-Lunch. «Sonst sind wir oft wie Feuer und Wasser. Aber es ist trotzdem gut so», resümiert Fritz. Wenn er die EVP-EDU-Situation so schildert, erscheinen einem die beiden Parteien vor dem inneren Auge beinahe wie das Alte und das Neue Testament.

## Nicht-Wahl wurde zur Zäsur

Nik startete seine politische Karriere zum Erstaunen des Vaters. Er trat 2010 an seinem Wohnort Winterthur als EVP-Kandidat für den Stadtrat, die Exekutive, an. Er schaffte das erforderliche absolute Mehr und schied als Überzähliger aus. Niemand hatte von ihm dieses Topresultat erwartet. Die Nicht-Wahl traf ihn schwer. Er zweifelte. Er haderte. Er zog sich aus der Politik zurück und begründete den Rückzug mit «familiären Gründen». Es war keine Floskel. Es ging um Leben und Tod. Zeitgleich zur Winterthurer Wahl litt Niks Jüngster an einem Herzproblem, musste dringend operiert werden. Beatrice war tief erschüttert und konnte den Kleinen nicht begleiten. Nik übernahm die Betreuung in diesem Vakuum und verbrachte Wochen im Uni-Kinderspital Zürich.
Die Winterthurer Nicht-Wahl und das Drumherum waren eine Zäsur für Nik. Bei seinem Rückzugsentscheid rang er zwischen Familie, Sohn und Sein oder Nichtsein in der Politik. «Nach schweren inneren Kämpfen», so erzählt er, entschied er sich für das Kind. Konfrontiert mit den Empfindungen und Aussagen von Nik zu dieser schwierigen familiär-politischen Entscheidungsphase, meinen Elisabeth und Fritz: «Wir haben das damals nicht als fast existenzbedrohend wahrgenommen. Die Entscheidung von Nik haben wir geachtet und als weise empfunden. Wir bangten vor allem um das Leben und die Gesundheit des kleinen Patienten.»

*«Er hat sich von links bis rechts einen
Namen als Brückenbauer gemacht.»*

## Nationalrat Nik

Vor der Kandidatur für den Nationalrat warnte Fritz seinen Sohn: «Da willst du jetzt doch zu hoch hinaus!» Die Eltern befürchteten, Nik habe nicht die «Elefantenhaut», die für die Politik notwendig wäre. Beide erinnerten sich an frühere Momente, in denen sie Nik wegen «starkem Beschuss» aufmuntern mussten. Seine Bewerbung für die grosse Politik unterstützten sie trotzdem. Elisabeth gab ihm aufmunternd mit auf den Weg: «Du hast bisher immer ein Thema gefunden, das Faden hat.» Und Fritz betätigte sich als erfahrener und gutmeinender Kaffeesatzleser: «Du wirst immer erleben, dass bei deinem Thema die Hälfte der Menschheit dagegen ist. Im Glashaus der Politik ist das normal.»
Der Anlauf 2015 verlief erfolgversprechend. Er landete auf dem ersten Ersatzplatz der EVP im Kanton Zürich.
In der Wintersession 2017 rückte er für die zurücktretende Maja Ingold nach. Seither punktet er im Parlament mit einer Eigenschaft, die seiner Mutter schon früh aufgefallen war: «Er kann mit allen Leuten reden, von rechts bis links. Er kann sie zusammenbringen, miteinander vernetzen und begeistern.» Ein wenig staunend und von Niks Erfolg verblüfft, fügt Fritz bei: «Er geht auch sehr offen auf die SVP zu. Er kann die politischen Gegner immer wieder einbinden für seine Anliegen, so beispielsweise auch bei der Motion, die Jugendliche gegen Pornografie im Internet schützen will. Er hat sich von links bis rechts einen Namen als Brückenbauer gemacht.»
Die Eltern sind sich bewusst, dass Politik auch «brutale Seiten» hat. «Bei der Wiederwahl steht eine ganze Karriere auf dem Spiel. Es kann um die Existenz gehen.» In dieser Hinsicht sehen sie für Nik inzwischen keine Gefahr mehr. Er habe sich auch ausserhalb der Politik seine Existenz gesichert. Eine mütterliche Sorge um ihr «indisches Geschenk» treibt aber Elisabeth

noch um: Alkohol ist bei ihm kein Problem. Aber bewegungsarmut, Sitzungen von morgens bis in die Nacht, üppiges Essen, wenig Motivation für Sport und keine Zeit für sich zu haben, schaden ihm.»

## Für Vielfalt sorgen

Bleibt noch die Frage, wie Elisabeth und Fritz das Wohlbefinden ihres Sohnes in seinen Bundesberner Funktionen als Vizepräsident der EVP und Mitglied der Mitte-EVP-Fraktion einschätzen. Elisabeth meint: «Er fühlt sich am richtigen Platz. Das war eigentlich immer mein erzieherisches Ziel bei allen drei Kindern: Sie sollten etwas machen, das freut, formt, fordert und befriedigt.»
Mit Fritz gab es intensive Diskussionen, ob Nik das EVP-Präsidium übernehmen soll. Für ihn war klar: «Nik hat das Charisma für den Job und es würde der EVP guttun.» Er sagte ihm aber auch: «Wenn du den Präsidenten nicht machst, bleibst du vor manchen Problemen verschont» – EVP-Präsidentin ist die 2019 gewählte Aargauer Nationalrätin Lilian Studer.
Was Niks Rolle in der Fraktion Mitte-EVP betrifft, so macht Fritz eine wohl auf alle Politiker zutreffende Vorbemerkung: «Politiker gehorchen nicht gerne.» Aber er plaudert nicht ungebührlich aus dem sprichwörtlichen politischen Nähkästchen. Immerhin lässt er sich entlocken, dass Nik über die Kooperation mit der Mitte «nicht klagt», obwohl die Konstellation «für eine kleine Partei nicht ideal ist». Aber es bringe Vorteile, einer Fraktion anzugehören. Es sei die Aufgabe der EVP, so Fritz, der langjährige ehemalige EVP-Fraktionschef im Berner Grossrat, «im Fraktionsverbund für Vielfalt» zu sorgen und andere Ansichten einzubringen».

Die politische Familie Gugger (Nik, Elisabeth, Fritz) an der Delegiertenversammlung der EVP 2020 in Basel.

# Christine Bulliard-Marbach, wer ist Nik?

**Wie und warum ist Dir Nik aufgefallen?**
Er ist eine sympathische Person, hilfsbereit, hat innovative Ideen und einen sehr grossen Durchhaltewillen.

**Wer ist Nik für Dich?**
Ein zuverlässiger Freund.

**Welche Eigenschaften werden Nik Deiner Meinung nach zugeschrieben?**
Freundlich, fleissig, innovativ.

**Was sind Niks Schwächen, was nervt?**
Er hat mich bis jetzt noch nie genervt.

**Nik sagt von sich, Menschen «empowern» zu wollen. Gelingt ihm das Deiner Meinung nach? Wie macht er das?**
Ja, das gelingt Nik. Er ist mit seiner Begeisterung für die Sache sehr ansteckend.

**Erkennst Du im unternehmerischen oder politischen Handeln von Nik Leitideen, Konstanten, Grundmuster? Welche?**
Ich erachte als eines seiner Grundmuster, auf die Menschen zuzugehen. Dann vertritt er seine Ideen, ist kollegial und konsensfähig.

**Wie siehst oder erlebst Du das Engagement von Nik für Indien?**
Nik agiert mit Herzblut für seine Projekte in Indien und zieht sie auch durch.

Familie

**Nik wurde 2021 in einer Studie der CH Media als wichtigster «Brückenbauer» im Bundeshaus bezeichnet. Hast Du ihn auch schon als «Brückenbauer» erlebt (wann, wo, wie)?**
Ja. Wir waren in dieser Studie die besten Brückenbauer im Parlament.

**Eine Stärke von Nik, so sagen viele, sei es, die verschiedensten Leute für eine Sache gewinnen und vernetzen zu können. Wie schafft er das?**
Nik hört zu und sucht mit allen Partnern immer Lösungen.

**Welche Bedeutung hat Nik in Deinen Augen als Politiker?**
Als Brückenbauer ist es ihm möglich, parteiübergreifend seine Ideen zu verwirklichen. Durch seine Kompromissbereitschaft ist er fähig, andere Ideen oder Lösungen zu unterstützen.

**Welche Bedeutung hat Nik in Deinen Augen als Unternehmer?**
Als Berater setzt er sein grosses Netzwerk perfekt ein.

**Was wolltest Du zu Nik noch sagen?**
Es ist schön, ihn als Freund zu haben.

---

**Christine Bulliard-Marbach** ist ausgebildete Lehrerin, Landwirtin im freiburgischen Ueberstorf. Unter anderem präsidiert sie die Schweizerische Arbeitergemeinschaft für Berggebiete SAB. Sie ist Mutter von drei erwachsenen Kindern und für die Partei Mitte (ehemals CVP) seit 2011 als Nationalrätin in Bern tätig. Als Mitglied im Wahlbeobachterteam in Moldawien lernte sie Nik kennen und schätzen.

# Heiner Brodtbeck, wer ist Nik?

**Wie und warum ist Dir Nik aufgefallen?**
Ich habe Nik vor etwa 34 Jahren das erste Mal getroffen, anlässlich der Konfirmation unseres Göttibuben in der Kirche Lindau. Bei dieser Feier, die Nik mitleitete, erlebten die Konfirmandinnen und Konfirmanden eindrücklich, was Vertrauen beinhaltet: Sie seilten sich gegenseitig vom Gestühl des Kirchturms in der Kirche ab. Nach dieser zufälligen Begegnung kreuzten sich unsere Wege erst einige Jahre später wieder. Nik leitete die Jugendarbeit der reformierten Kirche Wülflingen. Ich war Schulleiter der Werkjahrschule Winterthur. Wir stellten gemeinsam fest, dass einige meiner Schülerinnen und Schüler unabhängig von ihrer Religion bei ihm im Jugendtreff verkehrten. Einige brauchten soziale Betreuung. Nik nahm sich ihrer an und es begann eine fruchtbare Schulsozialarbeit. Für die Schulen der Stadt war das damals noch eher ein Fremdwort.

**Wer ist Nik für Dich?**
Durch die berufliche Zusammenarbeit entstand eine Freundschaft. Da unser Nachbar aus beruflichen Gründen mit seiner Familie für vier Jahre nach Nepal zog, zügelten Nik und seine Frau Beatrice für diese Zeit ins nachbarliche Haus. Wir erlebten viele schöne Stunden, feierten Geburtstage, führten aber auch oft tiefgründige Diskussionen. Unsere Familien sind noch immer sehr verbunden.

**Welche Eigenschaften werden Nik Deiner Meinung nach zugeschrieben?**
Nik vereinigt viele Facetten in sich. Er ist in seinen Handlungen und Gedanken immer ein überzeugter Christ ohne frömmlerisches Gebaren – einfach von innen her überzeugt. Dabei verliert er nie die Sicht auf die Realität.

**Was sind Niks Schwächen, was nervt?**
Eine Schwierigkeit bei Nik ist, dass er durch seine diversen Engagements manchmal in Terminengpässe kommt.

**Nik sagt von sich, Menschen «empowern» zu wollen. Gelingt ihm das Deiner Meinung nach? Wie macht er das?**
Ich habe in vielen Beispielen bei der Schulsozialarbeit erlebt, wie Nik mit Empathie und auch fachlichem Können Jugendlichen in schwierigen Lebenssituationen hat helfen konnte. Er konnte auch Jugendlichen in schwerer Lebenskrise mit suizidalen Gedanken helfen. Es gelang ihm zudem, die Brücke zu den Erziehungsberechtigten zu schlagen.

**Erkennst Du im unternehmerischen oder politischen Handeln von Nik Leitideen, Konstanten, Grundmuster? Welche?**
Nik hat die Menschen gern und nimmt sie so an, wie sie sind. Schwachen hilft er. Dank seinem unternehmerischen Geschick gelingt es ihm oft, Projekte zu starten, die im Innersten seine Grundwerte beinhalten und zur Lösung sozialer Probleme beitragen.

**Wie siehst oder erlebst Du das Engagement von Nik für Indien?**
Die Verbundenheit Niks zu Indien rührt wohl daher, dass er, längst im Erwachsenenalter, seine Wurzeln suchen wollte. Dabei stand für ihn nie in Frage, wer seine Eltern sind. Durch seine Kontakte und sein offenes Vorgehen hat er dabei tiefe Verbindungen zu seinem Geburtsland geschaffen. Dass er diese Beziehungen nun auch in der Politik einsetzen kann, ist grossartig.

**Nik wurde 2021 in einer Studie der CH Media als wichtigster «Brückenbauer» im Bundeshaus bezeichnet. Hast Du ihn auch schon als «Brückenbauer» erlebt (wann, wo, wie)?**
Wer wäre geeigneter?

**Eine Stärke von Nik, so sagen viele, sei es, verschiedenste Leute für eine Sache gewinnen und vernetzen zu können. Wie schafft er das?**
Nik kann begeistern und Leute mitreissen. Er hat ein besonderes Gespür dafür, immer die richtigen Leute für die richtige Sache zusammenzubringen. Auf seinem Weg hat er dadurch ein wertvolles Beziehungsnetz geschaffen.

**Welche Bedeutung hat Nik in Deinen Augen als Politiker?**
Es gelingt Nik immer wieder, bei den wesentlichen Fragen unseres sozialen Zusammenlebens christliche Werte zum Dreh- und Angelpunkt zu setzen. So kann er Inputs geben, die frei von Parteipolitik sind. Soziales Handeln aus Gewissensgründen und nicht als parteipolitisches Kalkül.

**Welche Bedeutung hat Nik in Deinen Augen als Unternehmer?**
Er ist ein erfolgreicher Geschäftsmann. Bei einigen seiner Projekte hat er seine soziale Haltung und seine Fähigkeiten dazu benutzt, Hilfsbedürftige in seine Geschäfte zu integrieren. Nik ist im positiven Sinne ein Getriebener. Er findet immer wieder neue Ideen und hat auch die Kraft, diese durchzuziehen. Er versteht es auch ausgezeichnet, für jede Aufgabe die richtigen Leute einzusetzen.

Familie

**Was wolltest Du zu Nik noch sagen?**
Er möge die Kraft haben, seiner Linie treu zu bleiben. Und infame Machenschaften sollen ihn nicht schwächen.

**Heiner Brodtbeck** lernte Chemielaborant, holte auf dem zweiten Bildungsweg die Matura nach und bildete sich zum Real- und Oberschullehrer aus. Nach 13 Jahren Unterrichtstätigkeit in Seen wechselte er an die Werkjahrschule und bildete sich weiter zur Lehrkraft für Berufswahlvorbereitung. 1993 übernahm er die Schulleitung. In dieser Funktion arbeitete er mit Nik zusammen und begleitete seine Diplomarbeit zur Schulsozialarbeit. Nach der Pensionierung initiierte er eine Berufsvorbereitungsklasse Natur und Technik mit Zusammenarbeit der BWS Bülach und der Stiftung FINTAN.
Seine Interessen gelten noch heute pädagogischen und sozialen Themen.
Daneben ist er ein versierter Hobbyhandwerker mit gut eingerichteter Werkstatt.

# Richard Fritschi, wer ist Nik?

**Wie und warum ist Dir Nik aufgefallen?**
Nik und ich trafen uns zum ersten Mal anlässlich eines Mittagessens im Baur au Lac mit dem indischen Aussenminister, dem indischen Botschafter in der Schweiz und UnternehmerInnen aus Indien und der Schweiz. Da fand ich ihn einen spannenden Gesprächspartner. Als er mir von seinem Restaurant Concordia in Winterthur erzählte, wollte ich ihn unbedingt besuchen und besser kennenlernen.

**Wer ist Nik für Dich?**
Nik ist für mich ein wichtiger Mensch auf meinem Lebensweg. Wir können uns über alles austauschen und teilen viele gemeinsame Werte und Ansichten.

**Welche Eigenschaften werden Nik Deiner Meinung nach zugeschrieben?**
Nik ist unkompliziert, direkt, zugänglich und hilfsbereit.

**Was sind Niks Schwächen, was nervt?**
Nik kann nicht Nein sagen. Dadurch ist er oft unter enormem Zeitdruck. Dadurch vernachlässigt er seine eigenen Bedürfnisse und seine Gesundheit.

**Nik sagt von sich, Menschen «empowern» zu wollen. Gelingt ihm das Deiner Meinung nach? Wie macht er das?**
Ja, ganz klar. Nik ist ein Teamplayer und freut sich über die Entwicklung und den Erfolg anderer. Er kann Menschen begeistern und dadurch «empowern».

**Erkennst Du im unternehmerischen oder politischen Handeln von Nik Leitideen, Konstanten, Grundmuster? Welche?**
Nik ist lösungsorientiert, sachlich und hört auch zu, wenn jemand eine andere Meinung vertritt.

**Wie siehst oder erlebst Du das Engagement von Nik für Indien?**
Das Engagement von Nik in und für Indien ist ihm eine Herzensangelegenheit. Es kommt aus einem tiefen Bedürfnis, unterprivilegierten Menschen zu helfen. Unserer Zariya Stiftung hilft er als Patronatsmitglied seit Jahren; dass wir den Charity-Film ‹www.mother-teresa-and-me.film› realisieren konnten, verdanken wir ihm. Von den Einnahmen profitieren ärmste Kinder für Ausbildung und Gesundheit in Indien.

**Nik wurde 2021 in einer Studie der CH Media als wichtigster «Brückenbauer» im Bundeshaus bezeichnet. Hast Du ihn auch schon als «Brückenbauer» erlebt (wann, wo, wie)?**
Ja, absolut. Nik geht auf seine politischen Freunde und Gegner im Bundeshaus zu und sucht parteiübergreifend nach Lösungen für anstehende Probleme. Ausserhalb der Politik kommt mir das Beispiel mit der FIFA Foundation Football for School in den Sinn. Er hat es geschafft, dass die jungen Mädchen in Indien zusammen mit dem Kalinga Institut für Social Sciences gefördert werden. Wie er das geschafft hat, bleibt sein Geheimnis. Das ist auch ein grossartiges Beispiel von Nik, dem «Brückenbauer».

**Eine Stärke von Nik, so sagen viele, sei es, die verschiedensten Leute für eine Sache gewinnen und vernetzen zu können. Wie schafft er das?**
Nik geht direkt, offen und ehrlich auf die Menschen zu. Man spürt bei ihm immer die Leidenschaft, Berge versetzen zu wollen und zu können. Deshalb lassen sich viele von seinen Ideen überzeugen und helfen ihm bei der Umsetzung. In Moldawien zum Beispiel, wo er als Überwacher des Wahlprozesses engagiert war, traf er den Geschäftsleiter des Vetropack-Werkes. Sofort entstand ein enger Kontakt und seither gibt es einen Wein aus Moldawien, den Nik kreiert und für den Vetropack Moldawien die Flasche entworfen und produziert hat. Grossartig.

**Welche Bedeutung hat Nik in Deinen Augen als Politiker?**
Es ist ein grosses Glück für die Schweizer Politik, Menschen wie Nik im Parlament zu haben. Nik engagiert sich innen- und aussenpolitisch zu 150 Prozent und ist ein perfekter «Botschafter» für die Schweiz im Ausland. Besonders in Indien hat er bereits nach wenigen Jahren einen grossen und positiven Fussabdruck hinterlassen.

**Welche Bedeutung hat Nik in Deinen Augen als Unternehmer?**
Auch als Unternehmer sind ihm die sozialen Anliegen ein grosses Bedürfnis. Er weiss aber auch, dass Unternehmertum finanziellen Gewinn abwerfen muss. Er ist für mich ein gutes Beispiel dafür, wie man die Bedürfnisse aller Stakeholder befriedigen kann.

**Was wolltest Du zu Nik noch sagen?**
Er soll so bleiben, wie er ist, und auf sich aufpassen. Auch seine Energien sind nicht unendlich. Seiner grossartigen Familie, der Schweiz und seinen Anliegen kann er weiterhin nur gerecht werden, wenn er die Kraft dazu hat. Ich bin sehr dankbar, dass wir uns begegnet sind, und freue mich auf viele weitere gemeinsame Projekte und Aktivitäten.

---

**Richard Fritschi,** 1960, arbeitete nach der kaufmännischen Lehre in Zürich in Paris und London. Es folgten die höhere Fachschule für Wirtschaft und eine Ausbildung zum dipl. Controller beim Schweiz. Institut für Betriebsökonomie. 1991 trat er in die Sulzermedica-Gruppe, Winterthur, ein. Er arbeitete erst als Controller, dann als Verkaufsleiter und zuletzt als Präsident Europa und Asien. Berufsbegleitend absolvierte er den Advanced Management Kurs «The General Manager» an der Harvard Business School, Boston. Von 2006–2011 war er CEO der Firma Ypsomed, Burgdorf. Heute ist er Verwaltungsrat in börsenkotierten und privaten Unternehmen; u. a. als Präsident bei Bibus Holding AG, Fehraltorf, Schmidlin AG, Affoltern am Albis, Synbone AG, Malans, Präsident Swiss Extract AG, Baar, Cornaz AG Holding, Zug, Vizepräsident Vetropack Holding AG, Bülach. Zudem ist er Vorstandsmitglied im Swiss Indian Chamber of Commerce.

# Rino Büchel, wer ist Nik?

**Wie und warum ist Dir Nik aufgefallen?**
Seit er am 27. November 2017 in den Nationalrat nachrückte, erlebe ich ihn als «Quick-Nik». Wenn er eine Idee hat, will er sie sofort umsetzen.

**Wer ist Nik für Dich?**
Nik ist ein guter Kollege und ein echter Freund geworden. Er ist, wie sein Erfrischungsgetränk «Zingi»: unverwechselbar und von einer vitalisierenden Dynamik.

**Welche Eigenschaften werden Nik Deiner Meinung nach zugeschrieben?**
Geschäftig. Kollegial. Quirlig. Schlau.

**Was sind Niks Schwächen, was nervt?**
Manchmal versucht er Brücken zu bauen, wo es nicht unbedingt eine braucht (siehe auch Frage 8).

**Nik sagt von sich, Menschen «empowern» zu wollen. Gelingt ihm das Deiner Meinung nach? Wie macht er das?**
Ja. Das gelingt ihm, weil er sie machen lässt. Vertrauen in die Menschen ist das beste Mittel, um deren «Power» entfalten zu lassen.

**Erkennst Du im unternehmerischen oder politischen Handeln von Nik Leitideen, Konstanten, Grundmuster? Welche?**
Nik handelt.

**Wie siehst oder erlebst Du das Engagement von Nik für Indien?**
Auch in Indien ist er ein Hansdampf in allen Gassen. Er schafft es immer wieder, Menschen mit verschiedenen Lebenshintergründen zusammenzubringen, in seinem Geburtsland noch mehr als andernorts.

**Nik wurde 2021 in einer Studie der CH Media als wichtigster «Brückenbauer» im Bundeshaus bezeichnet. Hast Du ihn auch schon als «Brückenbauer» erlebt (wann, wo, wie)?**
2021 war das Jahr, in dem über die Medien aller Art so viel Unsinn verbreitet wurde wie selten zuvor. Jedoch: Nik einen Brückenbauer zu nennen, gehört definitiv nicht in die Kategorie der Fake News. Wann? Wo? Wie? – Wenn ich die komplette Liste aufführte, müsste das Volumen dieses Buches verdoppelt werden.

**Eine Stärke von Nik, so sagen viele, sei es, die verschiedensten Leute für eine Sache gewinnen und vernetzen zu können. Wie schafft er das?**
Er interessiert sich ehrlich für Menschen. Und er gibt nicht nach.

**Welche Bedeutung hat Nik in Deinen Augen als Politiker?**
Er macht eine menschenfreundliche Politik und die Politik menschlich.

**Welche Bedeutung hat Nik in Deinen Augen als Unternehmer?**
Das kann ich nicht beurteilen. Aber ganz so bedeutend wie unsere Nationalratskollegin Magdalena Martullo-Blocher ist er noch nicht ...

**Was wolltest Du zu Nik noch sagen?**
Mit Beatrice hat er eine wunderbare Frau an seiner Seite. Haltet Sorge zueinander.

---

**Roland Rino Büchel,** 1965, ist Nationalrat für die SVP des Kantons St. Gallen. Er lebt in Oberriet. Beruflich ist er als Unternehmer und Sportmanager tätig.

Familie

# Balwinder Singh, wer ist Nik?

«Nik ist ein Kämpfer und denkt immer positiv. Er findet immer Lösungen.» Herr Singh, der Inhaber des Restaurants Vulkan, setzt sich kurz an den Tisch, um in gebrochenem Deutsch die Lobesworte zu platzieren. Nik hatte sich kurz ausgeklinkt, er wurde am Handy verlangt.

Herr Singh arbeitet bereits seit 20 Jahren mit Nik zusammen und sei durch dessen Unterstützung erfolgreich geworden, erzählt er. Angefangen hatte die Zusammenarbeit 2005 mit einem «Long-stay-Hotel» hinter dem Hauptbahnhof in Zürich. Nik «organisierte» für Herr Singh bei einer Bank einen Kredit und bürgte persönlich dafür. Als das Konzept für ein Hotel für Langaufenthalter zum Erfolg geworden war, in gewisser Weise ein Vorläufer von Airbnb, konnte Herr Singh die Liegenschaft alleine übernehmen. «Nik hat mir das Haus übergeben, ohne Gewinn», blickt er dankbar zurück. Seit dem erfolgreichen Start als Unternehmer wende er sich immer wieder an Nik. «Wenn ich ein Problem habe, so hilft er. Wir sind unternehmerische Partner», zieht Herr Singh Bilanz über die langjährige, freundschaftliche Kooperation zwischen den beiden.

---

**Balwinder Singh** hat in der Zwischenzeit eine kleine, erfolgreiche Gastro- und Hotelgruppe aufgebaut. Dazu gehören zwei indische Restaurants in Zürich und je eines in Horgen und Rapperswil sowie ein Hotel in Interlaken. Die jüngste unternehmerische Initiative von Herrn Singh heisst «NA081». NA ist das Kürzel für Neapel auf dem italienischen Auto-Nummernschild und 081 die telefonische Ortsvorwahl. Der Unternehmer hat ein Konzept entwickelt, das an drei Standorten im Raum Zürich der günstigen italienischen Küche verpflichtet ist – entweder im Restaurant, als Take-away oder per Lieferdienst.

# Indien

*«**Stolz** bin ich auf meine indischen **Wurzeln** – und ich bin ein stolzer **Schweizer**.»*

# Global Ambassador für Bildung in Indien

Indien ist Niks Schicksal. Dennoch: Seine leibliche Mutter, seine Familie, kennt er nur aus indischen Gerichtsakten zu seiner Adoption. Sie hiess Anasuya und war bei seiner Geburt weit über 30 Jahre alt. «Meine Mutter war eine grosse, stolze Frau, eine Brahmanin.» Vermutlich hat er in Indien vier Geschwister. Seine Herkunft verleugnet er nicht. Im Gegenteil, er ist stolz darauf.

Was seine Herkunftsgeschichte betrifft, so hat Nik entschieden, diese ruhen zu lassen. «Ich habe für mich entschieden, nicht in der Vergangenheit zu grübeln. Das ist für mich auch eine Frage der emotionalen und spirituellen Intelligenz. Denn ich akzeptiere: Es ist gut so, wie es ist.»

## Ehrendoktor, Netzwerker und Fundraiser

Seit Anfang der 2000er-Jahre ist Nik in Indien aktiv. Nun auch als Global Ambassador für das Kalinga-Institut und das Kalinga Institute of Social Sciences. Das Kalinga Institute of Industrial Technology (KIIT) ist eine private Universität in Bhubaneswar, das Hochschulbildung und Forschung in Technik und Naturwissenschaften betreibt. Für sein Engagement im sozialwissenschaftlichen Institut der Universität erhielt Nik Gugger 2018 den Titel eines Ehrendoktors (Dr. h. c.).

Das Universitätsinstitut gilt heute auch als eine der besten universitären Sportstätten in Indien und fördert vor allem Fussball als Breitensport und Volleyball. In Europa bemüht sich die Universität derzeit unter der Leitung von Varun Suthra um ein Head Office, welches Netzwerke auf- und ausbauen soll. Eine Aufgabe, der sich Nik als gewiefter Netzwerker ebenfalls mit Herzblut widmet.

# Speech honory doctorate KIIT

**Acceptance speech by Nik Gugger for the honorary degree "Doctor of Letters" named D. Litt. in India**

Dear Prof. Dr. Samanta, dear members of the Board of KIIT*, dear distinguished guests,

It is hard for me to find appropriate (fitting) words. I really feel privileged to receive this great award and title from Kalinga Institute of Industrial Technology!
My heart is full of gratitude towards the Board of KIIT that my name was chosen for this great honor.
I never had the idea, that one day will reach me this great honor for my investments in the youth all over the world.
Coming to my person.
The journey of my life, which started in a small town of Kerala called Thalassery and took me at the end to the Parliament of Switzerland, has taught me many valuable lessons and was full of surprises and odds.
And .... one of the biggest surprises is this happening here!

When I thought about what message I could bring you, a sentence always turned up in my mind:
'You are the salt of the earth' – you are the salt of the earth!
Salt is a spice, it makes meals spicy, agreeable to eat, gives it more flavor ...
How can I, how can anyone be SALT? Against all odds!
It means to me, that I will make life for the needy and seekers more agreeable, to help those who need it most, with good advice and steps to go.
As you maybe know I like to share my life with those who are struggling.
The best example you have in your midst: Prof. Dr. Samanta. I'm having high regards! His life is most inspiring for everyone in this world.
He knows and I know, what it means to overcome all odds.
His ideas to serve the poor and underprivileged have reached a top level in humanity. So much higher than those who practice hate, violence and death ...

And many of you, I guess, try to follow in his footsteps.
Not only looking for oneself.
I'm trying the same in my life, in my own humble way.
The strength, the joy and the courage to go on day by day, give me the words of Jesus who said:
Ask, and you will receive; seek, and you will find; knock, and the door will be opened to you.

I have the strong feeling that our life is the biggest gift God gave us. In return, we can contribute something of our own: to make this world a better place for many.
I was born abandoned. Then two angels came from 'nowhere' to embrace me, to make me realize that love does not care for boundaries of cast, or race, or religion. My upbringing transformed my life. I shall always be grateful to my parents for that.
Now, when a person approaches me with a problem, or some difficulty he is going through, I consider it an opportunity to help him out, if possible. I do not think that my acting is something special or 'out of the way'. It is something 'in return'.

My roots connect me to this land of India a land, rich of different peoples, landscapes, cultures, languages, absolutely unique.
This year we are celebrating the 70th year of 'Friendship between Switzerland and India' (in 1948, Switzerland was one of the first countries acknowledging India as a democratic nation). I do feel blessed to be a bridge between these two wonderful nations — so different in size! I like to do that with love, passion and compassion.

I do not know, if you know: Swiss culture stands not only for chocolate and cheese but also …. which is quite unique: for protecting minorities (a strong social testimony)!
All of us here, we are united in trying to do the necessary, the just and the good – that is great!
I would like to conclude with the following quote …
"We but mirror the world. All the tendencies present in the outer world are to be found in the world of our body and soul. If we could change ourselves, the tendencies in the world would also change.
As a man changes his own nature, so does the attitude of the world change towards him. This is the divine mystery supreme. A wonderful thing it is and the source of our happiness. We need not wait to see what others do." – Mahatma Gandhi

Thanks once again for this honoring day and it's an honor for me to serve this unique University as a global ambassador with almighty's help.

*KIIT – Kalinga Institute of Industrial Technology
and the Kalinga Institute of Social Siences

Indien

Aus den Händen der Honorablen der Universität KIIT und des Staates Odisha hat Nik 2018 die Urkunde zu seiner Ehrendoktorwürde erhalten.

# Rede zur Verleihung der Ehrendoktorwürde KIIT

**Dankesrede von Nik Gugger zur Verleihung der Ehrendoktorwürde, «Doctor of Letters», in Indien «D. Litt.» genannt, 3. November 2018**

Sehr geehrter Herr Prof. Dr. Samanta,
sehr geehrte Mitglieder des Vorstandes des Kalinga Institute of Industrial Technology (KIIT\*), liebe verehrte Gäste

Es fällt mir schwer, angemessene Worte zu finden. Ich fühle mich wirklich privilegiert, diese grossartige Auszeichnung und diesen Titel vom KIIT zu erhalten! Mein Herz ist voll von Dankbarkeit gegenüber dem Vorstand des KIIT, dass mein Name für diese grosse Ehre ausgewählt wurde. Ich hätte nie gedacht, dass mir eines Tages diese grosse Ehre für mein Engagement für die die Jugend auf der ganzen Welt zuteil werden würde.

Kommen wir zu meiner Person. Mein Lebensweg, der in einer kleinen Stadt in Kerala namens Thalassery begann und mich am Ende ins Schweizer Parlament führte, hat mir viele wertvolle Lektionen erteilt und war voller Überraschungen und Unwägbarkeiten. Und eine der grössten Überraschungen ist dieses Ereignis hier! Als ich darüber nachdachte, welche Botschaft ich euch überbringen könnte, kam mir immer wieder ein Satz in den Sinn: «Ihr seid das Salz der Erde.» Ihr seid das Salz der Erde! Salz ist ein Gewürz, es macht Speisen würzig, angenehm zu essen und gibt ihnen mehr Geschmack. Wie kann ich, wie kann irgendjemand Salz sein? Gegen alle Widerstände!

Es bedeutet für mich, dass ich den Bedürftigen und Suchenden das Leben angenehmer mache, dass ich denen, die es am nötigsten haben, mit gutem Rat zur Seite stehe. Wie Sie vielleicht wissen, teile ich gerne mein Leben mit denen, die sich abmühen. Das beste Beispiel haben Sie in Ihrer Mitte: Prof. Dr. Samanta. Ich habe grosse Hochachtung vor ihm! Sein Leben ist sehr inspirierend für alle Menschen auf dieser Welt. Er weiss und ich weiss, was es bedeutet, alle Widrigkeiten zu überwinden. Seine Ideen, den Armen und Unterprivilegierten zu dienen, haben einen höchsten Grad an Menschlichkeit erreicht. So viel höher als diejenigen, die Hass, Gewalt und Tod ausüben. Und viele von Ihnen, denke ich, versuchen, in seine Fussstapfen zu treten. Sie schauen nicht nur zu sich selbst.

Ich versuche das Gleiche in meinem Leben, auf meine eigene bescheidene Art. Die Kraft, die Freude und den Mut, Tag für Tag weiterzumachen, geben mir die Worte Jesu, der gesagt hat: «Bittet, so wird euch gegeben; suchet, so werdet ihr finden; klopfet an, so wird euch aufgetan.»

Ich habe das starke Gefühl, dass unser Leben das grösste Geschenk ist, das Gott uns gemacht hat. Als Gegenleistung können wir selbst etwas beisteuern: diese Welt zu einem besseren Ort für viele machen. Ich wurde bereits bei meiner Geburt im Stich gelassen. Dann kamen zwei Engel aus dem Nichts, um mich zu umarmen und mir klarzumachen, dass die Liebe sich nicht um Kasten-, Rassen- oder Religionsgrenzen kümmert. Meine Erziehung hat mein Leben verwandelt. Dafür werde ich meinen Eltern immer dankbar sein. Wenn sich jetzt jemand mit einem Problem oder einer Schwierigkeit, die er zu bewältigen hat, an mich wendet, betrachte ich das als eine Gelegenheit, ihm zu helfen, wenn es möglich ist. Ich denke nicht, dass mein Handeln etwas Besonderes oder Aussergewöhnliches ist. Es ist eine Gegenleistung.

Meine Wurzeln verbinden mich mit diesem Land Indien, einem Land, das reich an verschiedenen Völkern, Landschaften, Kulturen und Sprachen ist – absolut einzigartig. In diesem Jahr feiern wir das 70. Jahr des Abkommens «Freundschaft zwischen der Schweiz und Indien». Die Schweiz war 1948 eines der ersten Länder, die Indien als demokratische Nation anerkannt haben. Ich fühle mich gesegnet, eine Brücke zwischen diesen beiden wunderbaren Nationen zu sein, die so unterschiedlich gross sind! Das tue ich gerne mit Liebe, Leidenschaft und Mitgefühl.

Ich weiss nicht, ob Sie es wissen: Die Schweizer Kultur steht nicht nur für Schokolade und Käse, sondern auch, und das ist ziemlich einzigartig, für den Schutz von Minderheiten! (Ein starkes soziales Bekenntnis). Wir alle hier sind vereint in dem Bemühen, das Notwendige, das Gerechte und das Gute zu tun – das ist grossartig!

Ich möchte mit folgendem Zitat schliessen:
«Wir sind nur ein Spiegelbild der Welt. Alle Tendenzen, die in der äusseren Welt vorhanden sind, finden sich in der Welt unseres Körpers und unserer Seele wieder. Wenn wir uns selbst ändern könnten, würden sich auch die Tendenzen in der Welt ändern. So wie der Mensch sein eigenes Wesen ändert, so ändert sich auch die Haltung der Welt ihm gegenüber. Dies ist das höchste göttliche Geheimnis. Es ist eine wunderbare Sache und die Quelle unseres Glücks. Wir brauchen nicht darauf zu warten, was andere tun.» – Mahatma Gandhi

Nochmals vielen Dank für diesen ehrenvollen Tag; es ist eine Ehre für mich, dieser einzigartigen Universität als globaler Botschafter mit der Hilfe des Allmächtigen zu dienen.

*Kalinga Institute of Industrial Technology (*KIIT)
 mit dem Kalinga Institute of Social Siences

Die regelmässige Präsenz vor Ort, letztmals im November 2022 (Jubiläumsfeier zum 25-jährigen Bestehen des sozialwissenschaftlichen Instituts), nutzt Nik für Vorträge vor den Studierenden (z. B. Diakonisches Handeln). Zudem will er das Institut in der Schweiz weiter vernetzen. Dazu lädt er immer wieder Schweizer Politiker und Wissenschafter ein (z. B. Rechtsprofessor und Ständerat Daniel Jositsch oder den Europarechtler Prof. Dr. Philipp Zurkinden), um ihnen die indische Bildungsrealität zu zeigen. So soll Verständnis dafür geschaffen werden, dass das Auseinanderklaffen der indischen Bildungsschere überwunden werden muss.

Vor diesem Hintergrund werden politische Ideen von Nik nachvollziehbar, wenn er vorschlägt, dass Unternehmen zwei Prozent ihres Gewinns für soziales Engagement einsetzen sollten. Ein Vorschlag, der in Indien Realität ist. Sein Einsatz für die Schwachen in Indien, in der Schweiz und an vielen andern Ort (Moldawien, Kolumbien, Panama etc.) ist und bleibt der sozial- und unternehmenspolitische rote Faden seines Lebens.

## Freundschaftsgruppe Schweiz – Indien

In den Kontext der politischen Netzwerke gehört auch die parlamentarische Freundschaftsgruppe Schweiz – Indien. Nik hat sie 2018 gegründet und sie umfasst heute über 50 Mitglieder. Als Präsident ist Nik aktiv, unterstützt wird er von Ständerat Daniel Jositsch (SP) und Vizepräsident Roland Rino Büchel (SVP). Der Zweck der Gruppe liegt darin, dass sich Mitglieder des National- und Ständerates aus allen Parteien «mit den drängenden Fragen der Entwicklungszusammenarbeit, Globalisierung und der ökonomischen Beziehungen» zwischen den beiden Ländern befassen.

# Achyuta Samanta, wer ist Nik?

**Wie und warum ist Ihnen Nik aufgefallen?**
Nik ist mir als eine ganz andere Art von Parlamentarier aufgefallen. Er ist nicht nur ein politischer Entscheidungsträger, sondern auch ein guter Mensch, was ich durch unsere Zusammenarbeit erfahren habe. Das Kalinga Institute of Industrial Technology (KIIT) und das Kalinga Institute of Social Siences (KISS), die beide von mir gegründet wurden, sind zukunftsorientierte Einrichtungen. Wir erkunden Partnerschaften mit verschiedenen Organisationen in verschiedenen Ländern der Welt, und so habe ich Nik kennengelernt.

**Was für eine Person ist Nik in Ihren Augen?**
Ein engagierter, bodenständiger, leidenschaftlicher Mann, der bescheiden ist und dennoch nach neuen Höhen strebt. Ich bin verblüfft, wie er mit Organisationen und Menschen auf der ganzen Welt umgeht.

**Welche Eigenschaften werden Nik Ihrer Meinung nach zugeschrieben?**
Engagiert und gut ausgebildet, bescheiden, ein Draufgänger, eine gute Seele, ein Menschenfreund, ein Business-Angel.

**Was sind Niks Schwächen, was ist nervig?**
Niks Schwäche ist meiner Meinung nach seine Ungeduld, wenn er versucht, Veränderungen herbeizuführen – was eine Wohltat ist. Ich finde nichts Ärgerliches an Nik.

**Nik sagt, er wolle die Menschen «empowern».
Glauben Sie, dass ihm das gelingt? Wie macht er das?**
Natürlich gelingt ihm das, und zwar jeden Tag dank seiner Entschlossenheit. Seine Zusammenarbeit mit uns ist ein Beispiel für seinen Wunsch, denjenigen, die am Rand der Gesellschaft stehen, zu mehr Selbstbestimmung zu verhel-

fen. Auch was er in der Ukraine getan hat, ist vorbildhaft. Das beste Beispiel ist, wie er uns mit ICU-Konzentratoren von Hamilton Medical aus der Schweiz geholfen hat. Das war einmalig. Er ist ein hervorragender Fundraiser.

**Erkennen Sie Leitideen, Konstanten oder Grundmuster in Niks unternehmerischem oder politischem Handeln?**
Nik hat sich dafür eingesetzt, meine Arbeit zu stärken, die wir seit 25 Jahren am KIIT und am KISS leisten. Ich habe beobachtet, dass er in seiner Zusammenarbeit mit uns immer wieder bewiesen hat, dass er an Taten und nicht nur an Worte glaubt. Er sagt oder verspricht nicht einfach irgendetwas, sondern er tut es. Die wichtigste Konstante ist die Liebe zur Menschheit und zu den Ärmsten. Er bleibt seinen indischen Wurzeln treu.

**Wie erleben Sie Niks Engagement für das KIIT und für Indien?**
Bei meinem ersten Treffen mit ihm, als er mich in Bhubaneswar besuchte, stellte ich fest, dass er in die Stammesbevölkerung investieren will. Er hat uns mit vielen Intellektuellen, Sponsoren und politischen Entscheidungsträgern im Westen in Verbindung gebracht. Wo immer es Kommunikationsbedarf gibt, kommen seine Qualitäten ins Spiel. Als unser globaler Botschafter macht er einen hervorragenden Job. Er hat für uns Kollaborationen in der ganzen Welt geleitet. Er ist unser wahrer Berater und Betreuer.

**Nik wurde in einer Studie der CH Media 2021 zum wichtigsten «Brückenbauer» im Bundeshaus ernannt. Haben Sie ihn auch als solchen erlebt?**
Ich stimme voll und ganz zu, dass Nik eine unglaubliche Brückenbauer-Persönlichkeit hat, die ihm hilft, Herzen über die Kulturen hinweg zu gewinnen. Seine Herkunft und sein Heimatland machen ihn zu einer Brücke. Seine Kind-

heit und sein Leben machen ihn zu einer Brücke. Auch seine Liebe zu Indien. Das merke ich immer wieder bei ihm.

**Viele Leute sagen, dass eine von Niks Stärken seine Fähigkeit ist, die unterschiedlichsten Menschen für eine Sache zu gewinnen und zu vernetzen. Wie macht er das?**
Das Beste ist, dass er seine Talente und Fähigkeiten nutzt, um anderen zu helfen, indem er sich für soziale und humanitäre Zwecke einsetzt. Er hat immer eine klare Absicht mit einer starken Motivation und kann Beziehungen aufrechterhalten.

**Welche Bedeutung hat Nik als Politiker in Ihren Augen?**
Ich glaube, dass Nik als ein gutes Vorbild in der Politik akzeptiert ist. So wie ich hat auch er an das Sozialunternehmertum geglaubt. Ich denke, wir sollten mehr Sozialunternehmer ermutigen, den Weg in die Politik einzuschlagen, um diese Welt zu einem besseren Ort zu machen und sich für das Gemeinwohl einzusetzen. Er ist ein hervorragender dienender Leiter. Mit seiner Kraft und Liebe, seiner Leidenschaft und seinem Mitgefühl kann er wirklich jeden ermutigen.

**Was ist Niks Bedeutung als Unternehmer in Ihren Augen?**
Als Sozialunternehmer hat Nik alle Herausforderungen, die sich ihm in den Weg stellten, erfolgreich gemeistert. Er nutzt seine unternehmerischen Fähigkeiten zur Verbesserung der Gesellschaft und nicht nur zur Gewinnerzielung.

*«Die wichtigste Konstante ist die Liebe zur Menschheit und zu den Ärmsten.»*

Er ist ein echter sozialer Innovator, der sich mit einigen der grössten Bedrohungen der Welt auseinandersetzt – und durch eine stärkere Zusammenarbeit den gesamten Bereich des gesellschaftlichen Wandels verändert. Bestes Beispiel ist das gesunde Getränk, das er unter dem Namen «Zingi» hergestellt hat. Das Getränk bietet den Verbrauchern zahlreiche gesundheitliche Vorteile und basiert auf einem indischen ayurvedischen Rezept.

**Was möchten Sie Nik noch sagen?**
Ich möchte ihm nur meine besten Wünsche und Gebete für die unglaubliche Arbeit übermitteln, die er für die Gesellschaft geleistet hat. Gott segne dich, mein Bruder, du inspirierst uns täglich.

---

**Prof. Dr. Achyuta Samanta** ist Pädagoge, Philanthrop und Sozialarbeiter. Er ist der Gründer des Kalinga Institute of Industrial Technology (KIIT) und des Kalinga Institute of Social Sciences (KISS), beides Bildungseinrichtungen von weltweitem Ruf und weltweiter Anerkennung. Das KIIT ist eine der bekanntesten Universitäten Indiens und der Welt für Berufsausbildung und zählt mehr als 30 000 Studenten aus ganz Indien und 65 anderen Ländern. KISS ist ein Zuhause für 60 000 einheimische Kinder, die dort alle absolut kostenlos leben. Als Sozialreformer hat Achyuta Samanta die «Kunst des Gebens» (Lebensphilosophie) propagiert, ein Konzept, das Frieden und Glück auf der ganzen Welt bringen soll, «Kanyakiran», um Nulltoleranz gegen geschlechtsspezifische Gewalt zu fördern, «Bildung für alle», um ein Bewusstsein für die Bedeutung von Bildung zu schaffen, und viele andere Initiativen wie «New Mind», «New Dreams», «India Against Negativity» und «Art of Appreciation», um nur einige zu nennen. Trotz all seinen Errungenschaften führt er als Junggeselle ein einfaches Leben in einer Zwei-Zimmer-Mietwohnung und setzt sich weiterhin dafür ein, ein Lächeln unter Millionen von Menschen zu verbreiten und Armut, Hunger und Analphabetismus zu beseitigen.

# «Gib nie auf. Das ist sehr schwierig, aber Nik lebt so.»

Interview Hilmar Gernet mit Dr. Varun Suthra,
Director for International Relations, Kalinga Institute of Social Science

**Erinnern Sie sich an den ersten Kontakt mit Nik?**
**Varun Suthra:** Es war in Bern und ich hatte mich um einen Kontakt zu Nik bemüht. Es war der Schweizer Botschafter in Indien, Philipp Welti, der den Kontakt zwischen mir als Vertreter der Universität von Kalinga und Nationalrat Gugger mit seinen indischen Wurzeln vorbereitet hatte. Mich hat überrascht, wie schnell und unkompliziert das Treffen in der Schweiz zustande gekommen ist. Nik hat mich am 15. August 2018, als die indische Botschaft im Hotel Bellevue einen Empfang aus Anlass des Unabhängigkeitstages unseres Landes gab, ins Bundeshaus in Bern eingeladen.

**Welches war Ihr erster Eindruck von Nik?**
**Varun:** Er war sehr beeindruckend. Trotz des feierlichen Empfangs mit vielen Leuten hat er mich in eine ruhige Ecke gebeten. Das hat mich wirklich überrascht, dass er sich Zeit für mich genommen hat, an einem so wichtigen Anlass, wo die Leute doch eigentlich mit dem Kontakten voll beschäftigt sind. Das war für mich eine Ehre, mit einem Parlamentsmitglied so spontan sprechen zu können, und so haben sich mir grosse Türen geöffnet. Aber nicht Türen in andere Räumlichkeiten, sondern ich hatte den Eindruck, dass er sein Herz für uns geöffnet hat.
Bald darauf konnte ich ihn nochmals treffen. Er lud mich zu einem Kaffee ein, bei dem ich ihm mein Anliegen vortragen konnte. Statt der üblichen halben Stunde dauerte unser Austausch zwei Stunden. Das war für mich wirklich speziell, so direkt mit ihm, einem Parlamentsmitglied, sprechen zu können.

**Was ist Ihre Aufgabe beim Kalinga-Institut in Indien? Welche Aufgabe erfüllt Nik in diesem Universitätsinstitut?**
**Varun:** Das Kalinga-Institut für Sozialwissenschaften ist das grösste an der Universität und richtet sich an junge Einheimische, die zu den Ärmsten ge-

Bei den Feierlichkeiten zur Verleihung der Ehrendoktorwürde an der KIIT-Universität (2018) griff Nik zur Gitarre. Vor 30 000 Zuhörerinnen und Zuhörer sang er den Song «father god».

> *«Das hat mich wirklich überrascht, dass er sich Zeit für mich genommen hat, an einem so wichtigen Anlass»*

hören. Wir wollen ihnen eine Ausbildung geben und Nik hat sich sofort für diese Anliegen interessiert und sich bereit erklärt, nach Indien zu kommen. Bei seinem ersten Besuch hat er uns damit überrascht, dass er seinen Auftritt nicht mit einem Referat begann. Er spielte Gitarre und sang ein Lied mit deutschem Text. So etwas hat es bei uns noch nie gegeben, ein Politiker, der nicht mit einem Manuskript und einer Rede auftritt. Die Studenten waren begeistert von diesem Song und verlangten Zugaben.

**Nik:** Ich fühlte mich ein bisschen wie ein Rock-Star, als ich vor 30 000 Studentinnen und Studenten gesungen habe. Obwohl, der ganze Auftritt war sehr improvisiert – auch der Song – und die Gitarre war nicht gestimmt. Während des überraschenden Auftritts gab es eine grosse Unruhe, weil das Audio-System nicht richtig funktionierte. So musste ich spontan – mit zwei Mikros – ein eigenes System improvisieren.

**Nik, welchen Song hast Du gesungen?**
**Nik:** «Father god I wonder how I managed to exist without you, but now I am your son, I am adopted in your family, and I will be never alone». Dieser Song illustriert meine Lebensquellen. Das Lied handelt davon, was der Mensch wirklich braucht. Es zeigt, dass es gut ist, glauben zu können, und dass wir – auch bei grossen Widrigkeiten – nicht alleine unterwegs sind.

**Varun:** Dieser Auftritt, der bei den Studentinnen und Studenten sehr gut ankam, hat mich beeindruckt und mir gezeigt, dass Nik wirklich eine einzigartige Persönlichkeit ist. Das hat sich dann auch in den weiteren Meetings gezeigt. Er ist jemand, der sich von seiner Seele leiten lässt. Wenn man sich mit ihm trifft, so gelingt es ihm, alle Barrieren zu brechen. Wohin auch immer er ging, in allen institutionellen Gesprächen hinterliess er mit seinem offenen Herzen einen tiefen Eindruck bei allen Beteiligten. Man fühlte sich sofort mit ihm verbunden. Er bringt Freundschaft.

**Was waren, neben diesen positiven atmosphärischen Eindrücken, Ihre konkreten Erwartungen zum Engagement von Nik an der Universität?**
**Varun:** Ganz am Anfang unserer Zusammenarbeit sagte Nik zu mir: «Du darfst keine Erwartungen an mich haben, sonst renne ich weg.» Und als zweites meinte er zu mir: «Es gibt keine Zufälle.» Das war eine gute Lektion für mich. Er erklärte mir, «nimm das Leben wie einen Fluss. Akzeptiere sein Fliessen, frage nicht nach den Dingen, habe keine Ambitionen oder grosse Vorstellungen. Habe Vertrauen in das Leben und die Dinge passieren richtig.» So bin ich nicht mehr mit konkreten Plänen zu ihm gegangen, aber die Dinge haben sich richtig entwickelt.

**Dennoch, gab es keine konkreten Ziele, die erreicht werden sollten?**
**Varun:** Bei allem, was wir taten und tun, gibt es immer ein klares Ziel. Jede Aktion muss den Ärmsten helfen. Das ist unser Ziel. Wir wollen die Leute befähigen, ihr Leben zu meistern. Die Menschen für diese Aufgabe zu stärken, das ist das Lebensziel von Nik. Dabei haben wir von unseren eigenen Erfahrungen zu lernen und wir können uns dabei immer wieder neue, kleine Ziele stecken, die wir erreichen können. Das ist der Weg, wie wir helfen wollen, die ärmsten und schwächsten Menschen in der Gesellschaft zu stärken. Das ist zugleich eine Art Rennen gegen das Elend. Wir müssen dafür schauen, dass diese Menschen, die nicht gehört werden, eine Stimme bekommen. Das ist der Grund, weshalb sich die Universität und Nik als ihr globaler Botschafter für die Ärmsten einsetzen.

**Wie tut Nik das konkret – als Professor, als Berater?**
**Varun:** Nein, er ist nicht ein Professor. Er hat eine Schlüsselrolle. So ist es wichtig, dass er unsere Institution weltweit mit anderen wichtigen Akteuren und einflussreichen Personen verbindet. So beispielsweise mit europäischen

*«Habe Vertrauen in das Leben und die die Dinge passieren richtig.»*

Universitäten, mit Parlamentsmitgliedern, mit Diplomaten oder auch Stiftungen, die Projekte unterstützen. Er kann uns Zugang zu diesen wichtigen Kanälen verschaffen. Auf der anderen Seite kann er uns beraten, welche Projekte wir wie gestalten müssen, um sie an den richtigen Stellen einbringen zu können. Er ist unser Berater, der sich mit grosser «Heart-Power» für uns einsetzt.

**Nik:** Das Vordringlichste, das ich leisten kann, ist in meinen Augen die Beratung. Da stehe ich mit dem Gründer der Universität, Professor Samanta, im Hintergrund in intensivem Austausch und wir besprechen die verschiedensten Fragen. So haben wir beispielsweise anspruchsvolle und nicht immer konfliktfreie Diskussionen mit dem Finanzchef führen müssen, als es darum ging, wie die finanzielle Stabilität der Universität für die nächsten 30 Jahre gesichert werden kann. Dabei konnte ich Wissen und Erfahrungen aus Europa und der Schweiz einbringen. Es ging darum, Finanzierungspläne einzuführen, oder auch um die Besetzung verschiedener Management-Positionen mit kompetenten Führungskräften.

**Varun:** Mit seiner konkreten Beratung und Expertise stärkt er unsere Universität und ihre Entwicklung.

**Nik scheint mit seinem internationalen Netzwerk mit Knotenpunkten in Indien, der Schweiz, in Europa, der Ukraine oder in Israel, um nur einige zu nennen, ein echter Brückenbauer zu sein. Wie praktiziert er diese Methode des interkulturellen Austausches zwischen so verschiedenen Gesellschaften? Wie funktioniert diese Art des interkulturellen Managements?**

**Varun:** Ja, Nik ist ein wirklich starker Brückenbauer. Seine Stärke besteht darin, dass er die beiden sehr unterschiedlichen Kulturen, die regionalen Eigenheiten kennt und versteht. Er akzeptiert die Werte auf beiden Seiten

Indien

Im Juli 2022 war Nik in Indien und traf Kinder an der KIIT-Universität im Staat Odisha. Die Universität bietet den ärmsten Kindern und Jugendlichen Bildung und sichert ihre Ernährung.

der Brücke. So kann er wirklich helfen, einander zu verstehen. Beide Seiten haben in verschiedenen Fragestellungen etwas zu Lösungen beizutragen. Während die Schweiz über bemerkenswerte technologische Fähigkeiten verfügt, hat Indien sehr gute IT-Kompetenzen. Hier braucht es Plattformen für den Austausch zwischen Unternehmen und ihren Geschäftsmodellen. Nik versteht beide Seiten und engagiert sich auf beiden Seiten intensiv und erfolgreich für solche Austauschmöglichkeiten. Und was besonders wichtig ist, er versteht die jungen Menschen in Indien. Indien ist eine der jüngsten Nationen und hat mit gut ausgebildeten Leuten ein grosses Potenzial, die grossen gesellschaftlichen Probleme, die Armut, die Arbeitslosigkeit, zu überwinden. Dabei will er sich nicht allein auf den Staat verlassen, sondern bringt die verschiedensten Stakeholder, Unternehmen, NGO, Stiftungen, Universitäten zusammen, um Projekte zu realisieren. In dieser Hinsicht ist er nicht nur ein Brückenbauer, sondern auch ein Eisbrecher.

**Es scheint, dass Sie und Nik in eigentlich allen Fragen oder besser gesagt in den Antworten auf diese Fragen übereinstimmen, gleicher Meinung sind, die gleichen Ideen vertreten und grosses Verständnis füreinander haben. Gibt es überhaupt etwas, das sie unterscheidet – beispielsweise im Kulturellen?**
**Varun:** Es gibt tatsächlich nichts, das zwischen uns zu Konflikten führen könnte.
**Nik:** Erzähl ihm die Geschichte mit den Laundry-Boys (Wäscherei-Boys). Die zeigt, dass es nicht Konflikte gibt, aber doch ein unterschiedlicher Umgang mit den kulturellen Realitäten.
**Varun:** Ganz am Anfang unserer Zusammenarbeit gab es gewisse Dinge, da brauchte ich Zeit, um ihn zu verstehen. Das waren für mich spezielle Erfahrungen. Wir waren in einem indischen Hotel und sahen Laundry-Boys. Da hat Nik gesagt, er möchte mit diesen sprechen. Das war sehr aussergewöhnlich

> *«Den Schwächsten und Ärmsten helfen, für andere leben, das ist seine Lebensphilosophie.»*

und hatte ich noch nie erlebt. In Indien ist es nicht üblich, dass sich Politiker mit Wäscherei-Boys unterhalten. Ich fand diesen Wunsch seltsam. Es gibt doch so viele interessante, wichtige andere Leute, mit denen man sprechen könnte. Warum willst Du gerade mit diesen Boys sprechen. Er lud sie dann zum Nachtessen ein und hat mit ihnen den ganzen Abend gesprochen. Ich sass die ganze Zeit dabei und habe der Diskussion schweigend zugehört. Da konnte ich analysieren, was ihn interessierte: Wie stellten sich zwei junge Männer ihre Zukunft in Indien vor? Sie hatten ihm erklärt, dass sie nur Wäscherei-Boys wären, aber sie bereit seien, etwas zu lernen, und wir ihnen dafür Zeit geben müssen. Dieser Abend war für mich eine sehr gute Erfahrung, die ich vielen Personen erzählte, auch indischen Politikern. Das ist ein Beispiel, wie es in der gemeinsamen Arbeit anfänglich unterschiedliche Auffassungen gab. Inzwischen aber, so denke ich, haben wir ein breites, gemeinsames Verständnis für die jeweils anderen Lebenskulturen.

**Sie arbeiten nun bereits viele Jahre zusammen. Können Sie eine Philosophie, zentrale Punkte im Denken und Handeln von Nik erkennen? Oder anders gefragt: Was macht sein Engagement für Indien aus?**
**Varun:** Tief in seinem Herzen ist er sehr dankbar gegenüber Indien. Ich fragte ihn warum. Er habe Indien doch verlassen. Und er sagte: «Nein, Indien gibt mir Halt. Indien ist mein Land.» Er ist nicht ein Tourist. Er fühlt sich Indien verpflichtet. Deshalb ist er unser Botschafter geworden, ohne dafür bezahlt zu werden. Er will einfach helfen. So engagiert er sich für unsere Universität, hilft damit den Ärmsten und tut so Wesentliches für Indien.

**Anderen helfen, so sagen Sie, ist für Nik der wichtigste Wert.**
**Varun:** Den Schwächsten und Ärmsten helfen, für andere leben, das ist seine Lebensphilosophie.

> *«Es gibt doch so viele interessante, wichtige andere Leute, mit denen man sprechen könnte. Warum willst Du gerade mit diesen Boys sprechen?»*

**Wenn ich das bisherige Leben von Nik betrachte, so erscheint es mir ein wenig wie ein Bollywood-Film.**
**Varun:** (lacht) – oh, ja. Viele Bollywood-Filme zeigen solche Geschichten.

**In der Schweiz ist Nik als Parlamentarier zwar ein wichtiger Mann, einer von 200 Abgeordneten, aber er ist kein Star. In Indien, an der Kerala-Universität, da ist er nicht nur der Schweizer Politiker, scheint er mir ein bisschen ein Star zu sein. Wie sehen Sie das?**
**Varun:** Sie haben recht. Indien ist ein Land, das Stars mag. Wer ein bisschen eigen ist, wer sich öffentlich bewegt, jedermann, der bekannt ist, ist in Indien ein Star. In diesem Sinne ist Nik in Kerala ein Star.

**Ist der Status des Stars in Indien, wo es scheinbar recht viele Stars gibt, positiv oder negativ konnotiert?**
**Varun:** Meine persönliche Meinung ist, dass der Star-Status eher negativ ist. Die Persönlichkeiten werden extrem einseitig dargestellt. Das ist nicht gut für eine Gesellschaft. Mir scheint die Kultur im Umgang mit Stars in der Schweiz glücklicher zu sein. Wenn Stars gemacht werden, geht man weg vom normalen Leben. Ich habe in Indien viele Leute im öffentlichen Leben gesehen, die sich als Stars geben mussten, um die Erwartungen der Leute zu erfüllen, und die darunter gelitten haben. Ein Star-Leben ist wie eine Kette, es ist keine gute Sache. Dennoch, Nik lässt sich nicht von einem Star-Leben beeinflussen. Wie er mit den Wäscherei-Boys umgegangen ist, zeigt das klar.

Indien

Gespräch mit dem indischen Wissenschaftsminister Dr. Jithendra Singh zu Fragen der bilateralen Beziehungen Schweiz-Indien und einem Freihandelsabkommen im April 2022.

Sibi George, indischer Botschafter in der Schweiz, besuchte Nik am Tag seiner Vereidigung als Nationalrat im November 2017 im Bundeshaus.

*«Für mich zeigt Nik,
dass Unmögliches möglich wird,
wenn man auf sein Herz vertraut.»*

**Das Buch über Nik soll auch in Indien erscheinen. Denken Sie, dass es Ihrer Sache hilft?**
**Varun:** Ganz gewiss. Es ist eine inspirierende Story. Es ist eine Geschichte, die die Menschen an die guten Werte glauben lässt. Es ist ein Buch, das den Leuten klar macht, ihnen hilft zu verstehen, dass es etwas gibt, jenseits der menschlichen Power und der Vorstellung des Lebens, wie sie in Worten ausgedrückt wird. Es ist eine Story des Glaubens, des Vertrauens und der Inspiration. Ich bin wohl derjenige, der in Indien und weltweit am meisten mit Nik reist und so viele Erfahrungen mit ihm teilt. Für mich zeigt Nik, dass Unmögliches möglich wird, wenn man auf sein Herz vertraut. Er hat mich eines gelehrt: Gib nie auf. Das ist sehr schwierig, aber Nik lebt so.

Das Gespräch mit Dr. Varun Suthra, Director for International Relations, Kalinga Institute of Social Sience (kiss.ac.in) und Nik als Zuhörer (und gelegentlicher Kommentator) fand am 29.01.2022 in Zürich, im Jelmoli-Restaurant, statt.

# Kim Romeo Lai, wer ist Nik?

**Wie und warum ist Ihnen Nik aufgefallen?**
Nik habe ich als freiwilliger Helfer an einer Veranstaltung zum Thema Indien kennengelernt. Als Nationalrat war er der Hauptredner. Seine lockere, umgängliche und unkomplizierte Art, überrascht mich sehr positiv. Ich war damals kurz vor meinem Bachelorabschluss in Politikwissenschaften und war auf der Suche nach einem Praktikum. Aufgrund seiner Offenheit sprach ich ihn auf eine mögliche Praktikumsstelle als persönlicher Mitarbeiter an. Ich räumte mir kaum Chancen ein, weder kannte ich die politische Arbeit noch war ich EVP-Mitglied. Es kam anders. Nik meint zu mir, er vertraue auf sein Bauchgefühl und die Intuition, welche ihm sage, es passe. Somit wurde ich Niks erster persönlicher Mitarbeiter für sein Nationalratsmandat.

**Wer ist Nik für Sie?**
Nik war ein sehr fordernder Chef. Dafür förderte er mich und zeigte mir mein Potenzial auf, das mir gar nicht bewusst war. Er unterstütze und förderte meine Initiativen oder gab mir konstruktives Feedback zu den verfassten Texten oder Reden. Ich durfte, wann immer möglich, überall und an jede Veranstaltung mit. So war ich bereits mit Mitte Zwanzig am WEF in Davos, trank Tee mit diversen Botschaftern, begleitete ihn in Indien, war oft im Bundeshaus, an vielen Politikveranstaltungen oder persönlichen Sitzungen dabei. Für mich wurde Nik ein Mentor, der immer versuchte, mir beim nächsten beruflichen oder persönlichen Schritt im Leben zu helfen.

**Welche Eigenschaften werden Nik Deiner Meinung nach zugeschrieben?**
Authentizität, Empathie, Gutmütigkeit, Ehrlichkeit, Disziplin, extreme Belastbarkeit und hohe Flexibilität.

**Was sind Niks Schwächen, was nervt?**
Nik arbeitet rund um die Uhr. Dies bedeutete, dass in meiner Tätigkeit das Telefon auch mal um halb 1 in der Früh klingelte oder E-Mails zur Bearbeitung bereits um 5 Uhr morgens reinkamen. Er ist immer erreichbar. Das hat schon auch mal genervt. Aufgrund seines Arbeitsvolumens gab es sehr viele last-minute-Themen, für die man wenig Zeit hatte. Bereits am nächsten Morgen musste häufig alles druckfertig sein. Des Weiteren fällt es Nik sehr schwer, den Menschen Nein zu sagen. So sind wir zu vielen Veranstaltungen doch noch hingegangen, Interviews wurden akzeptiert, obwohl Nik eigentlich keine Zeit hatte oder körperlich eine Pause nötig gewesen wäre.

**Nik sagt von sich, Menschen «empowern» zu wollen. Gelingt ihm das Ihrer Meinung nach? Wie macht er das?**
Ja, vollkommen. Nik gibt jedem eine Chance, der zu ihm kommt, und versucht, dessen Potential zu erkennen und zu fördern. Er handelt selbstlos und ohne Hintergedanken, für sich einen persönlichen Nutzen zu erzielen. Er glaubt und sieht stets das Gute im Menschen und verurteilt das Scheitern nicht. Einmal nahm er eine Person ins Politikteam auf, die bereits für eine andere Partei gearbeitet hatte. Er gab ihr eine Chance und genoss die politischen Diskussionen in unseren wöchentlichen Sitzungen. Er unterstrich stets die Wichtigkeit, alle Seiten anzuhören, bevor man sich eine Meinung bildet.

**Erkennen Sie im unternehmerischen oder politischen Handeln von Nik Leitideen, Konstanten, Grundmuster? Welche?**
Er versucht immer wieder, Brücken zu bauen und die Leute zusammenzubringen. Sei es politisch oder unternehmerisch. Für Nik steht ein guter Deal oder Kompromiss für alle Beteiligten im Zentrum. Er ist seinen Prinzipien treu und lässt sich nicht instrumentalisieren.

Nik schwimmt auch gegen den Strom und weicht von der Parteidisziplin ab, wenn er eine Parteihaltung nicht mit seinen Prinzipien vereinbaren kann. So sprach er sich im Fernsehen für die Ehe für alle aus, im Gegensatz zu seinem Vater und zur EVP.

**Wie sehen oder erleben Sie das Engagement von Nik für Indien?**
Zweimal war ich mit Nik in Indien. In der Covid-Krise organisierte er eine Funding-Kampagne und medizinische Geräte für Indien. Dies rührte viele der Betroffenen, dass sich jemand, trotz der andauernden Krise in der Schweiz, um die Ärmsten der Armen bemühte.
Für viele Inderinnen und Inder ist Niks Geschichte eine grosse Inspiration. Nik steht dort für Hoffnung. Viele waren stolz, dass «einer von ihnen» es in der Schweiz so weit gebracht hatte.

**Nik wurde von einer Zeitung als wichtigster «Brückenbauer» im Bundeshaus bezeichnet. Erlebten Sie ihn auch schon in dieser Funktion (wann, wo, wie)?**
Ja, als sein persönlicher Mitarbeiter in seiner Funktion als Nationalrat. Aber er hatte auch schon in anderen Aufgaben Leute zusammengebracht und vernetzt.

**Eine Stärke von Nik, so sagen viele, sei es, verschiedenste Leute für eine Sache miteinander vernetzen zu können. Wie schafft er das?**
Durch seine offene, unkomplizierte, spontane und authentische Art. Nik erkennt die Potentiale der verschiedenen Leute und fügt diese wie ein Puzzle zusammen. Keiner arbeitet so viel und schläft so wenig wie Nik.

**Welche Bedeutung hat Nik in Ihren Augen als Politiker?**
Er ist wichtig für unsere Politik, da er eine vernünftige Mitte-Politik macht und für eine Konsensdemokratie einsteht. Er ist interessiert an sachlichen Diskussionen, hört links und rechts zu und lässt sich nicht von kurzfristigen Trends beeinflussen. Dies zeigen auch seine politischen Freundschaften. Nik wird als Kollege von Links und Rechts menschlich sehr geschätzt und gemocht. Immer wieder wird er von beiden Seiten auf ein Bier eingeladen.

**Welche Bedeutung hat Nik in Ihren Augen als Unternehmer?**
Seine selbstlose Ader ist auch dort klar erkennbar. Als Sozialunternehmer versucht er, gleichzeitig wirtschaftlichen Erfolg und einen positiven Effekt für die Gesellschaft zu erzielen.

**Was wollten Sie zu Nik noch sagen?**
Nik formte mich als junger Student zu dem, was ich heute bin. Ich arbeite in einem Weltkonzern und bin den Deadlines und dem Druck dank den lehrreichen Erfahrungen im Praktikum bei Nik gut gewachsen. Ihm wünsche ich, dass er seiner Gesundheit zuliebe lernt, auch Nein zu sagen. Hoffentlich bleibt er mir als Mentor erhalten, damit wir noch Jahrzehnte weiter rocken können.

---

**Kim Romeo Lai,** geboren und aufgewachsen in Zürich. Nach einem britischen Gymnasium, diverse Auslandsaufenthalten in Amerika und Asien studierte er an den Universitäten Zürich und Bern, wo er mit einem Master of Arts in Political Science, Schweizer Politik und Vergleichende Politik abschloss. Während seines Studiums arbeitete er bei einem Finanzdienstleiter, engagierte sich in einer Europäischen Jugendorganisation, die Events und Initiativen zu Nachhaltigkeits- und Empowerment-Themen für Jugendliche in ganz Europa förderte, und vertrat sie bei UNO-Veranstaltungen. Seit drei Jahren arbeitet er beim Beratungs- und Wirtschaftsprüfer, Ernst & Young, als Portfolio Finance Advisor.

# Philosophie

*«Ich habe viel **Geduld** und ich hasse **Konflikte**.»*

# Niks praktische Philosophie

Unverzagt, das ist Nik. In jeder politischen oder unternehmerischen Situation, die ihn interessiert, hat er mit seiner philosophisch-praktischen Allzweck-Methode eine Mischung aus Taschen-Philosophie und praktischer Lebensweisheit parat. Dabei ist eine machbare, zügig erreichbare Lösung nicht weit.

Ein wissenschaftliches Modell oder eine tief und breit begründete Philosophie steckt nicht dahinter. Er hat keine Heilsversprechen anzubieten. Die Menschen zu «empowern» ist seine Mission und Methodik zugleich. Das gelingt ihm seit Jahrzehnten durch eine brennende Leidenschaft für Projekte, die ihn etwas angehen, die ihn packen, die ihn begeistern. Gelernt hat er diese Methode vom Leben und vielen Mitmenschen. Er wendet sie schlau und zielstrebig an.

Hinzu kommt der Wunsch nach Aufmerksamkeit. Er will wahrgenommen werden als einer, der realistische Möglichkeiten für Lösungen entwickelt. Er redet viel und gerne. Davor hört er aufmerksam zu, solange sein Gegenüber sein Anliegen klar, knapp und klar vorträgt. Dann sprudeln Ideen aus ihm heraus – und immer wieder allerlei Weisheiten als Zwischenstopp und Anhaltspunkte. Die eigenen Vorschläge setzt er auch immer wieder dem Praxistest aus. In den eigenen Firmen, in Unternehmen, wo er als Verwaltungsrat Verantwortung trägt oder die er strategisch und operativ berät. Meistens oder zumindest sehr oft führen seine Inputs und Strategien zu erfolgreichen Umsetzungen. Dafür ist er permanent unterwegs. Unermüdlich reist er zwischen Winterthur, Bundesbern und Indien.

Niks philosophisch-praktische Leitideen sind inspiriert von seiner indisch-schweizerischen Herkunft und seinem aussergewöhnlichen Netzwerk. Ihre Wirkung entfalten sie in ihrer klaren Einfachheit. Eigentlich kennen wir alle solche Leitmotive zur Bewältigung mehr oder weniger schwieriger Lebens-, Unternehmens- und Politik-Situationen. Ihre Stärke bekommen sie durch die Überzeugungskraft, das Engagement und die Bilder, die Nik im Gespräch – gerne auch etwas gespickt mit smarten englischen Begriffen – verwendet:

### Wichtig ist es, Awareness zu schaffen
Zu wissen, wovon man redet, zu verstehen, welches der entscheidende Punkt, der Kern des Problems ist, sind Voraussetzungen, um ein umfassendes Bewusstsein zur Lösung einer Aufgabe zu gewinnen.

### Teilen-macht-ganz-Devise
Teilen-macht-ganz ist eine grundlegende Lebenshaltung nach der Devise: Was ich teile, bereichert mich. Sie steht für eine grundsätzlich partnerschaftliche Haltung in allen Lebensthemen. Die Devise ist auch anschlussfähig bei sehr vielen Problemstellungen in Politik und Wirtschaft. Der Einbezug verschiedener Personen mit unterschiedlichen fachlichen und sozialen Kompetenzen bei einer Aufgabenstellung erhöht die Chancen für eine praktikable und breit akzeptierte Lösung.

### Aus dem Dunkeln an die Sonne
Realistisch und optimistisch an eine schwierige Aufgabe herangehen, ist ein wesentliches Element, um sie zu bewältigen.

*Meistens oder zumindest sehr oft, führen seine Inputs und Strategien zu erfolgreichen Umsetzungen.*

Philosophie

Pfingstgrillieren – «men's world»; Nik und Freunde mit ihren Kindern grillieren jeweils zu Pfingsten seit Jahren auf dem Campingplatz Flaach.

Momente der Gelassenheit sind für Nik Fahrten in der Rikscha. Sohan, Rikscha-Fahrer in Bern, ein ehemaliges Strassenkind aus Mumbai, fährt Nik jeweils zu seinen Besuchen auf Botschaften.
(Foto: Peter Kerenzer)

**Three-Mountain-Modell**
Es kann bei Bedarf, sich hinziehender Projektarbeit und Komplexität einer Aufgabe, zum Four- oder Five-Mountain-Modell erweitert werden. Gemeint ist, dass in Projekten stets Widerstände – Felswände, Überhänge, schmale Grate, Gletscher – überwunden werden müssen. Dazu sind Etappen, Berggipfel, zu definieren, die zu erreichen sind. Nach dem ersten Erfolgserlebnis ist das Ziel jedoch nicht erreicht. Vor dem nächsten Gipfel ist die Fläche (es muss nicht unbedingt eine Wüste sein) zu durchqueren. Dann folgen weitere Steilwände oder Steinschläge, bis der nächste Gipfelwein (für Nik sein «Ginger», Ingwerwein aus Moldawien) geöffnet werden kann. Diese lebensnahe Art der Projektbewältigung ist erprobt und führt meist über mehr Gipfel und Täler als ursprünglich angenommen. Aber nicht aufgeben gewinnt.

**Aus dem grossen Blumenstrauss die wichtigste Blume herausnehmen**
Einen problematischen Sachverhalt zu strukturieren, ist eine der wesentlichen Startaufgaben, um eine sinn- und wirkungsvolle Planung für eine zielgenaue Umsetzung aufsetzen. Zuerst gilt es, das oder die wesentlichen Probleme anzupacken. Zum Blumenstrauss-Bild gehört auch, dass auch die nachhaltigste Lösung einer Aufgabe in der Anfangsphase eines Projekts sichtbare Erfolge braucht. Dazu ist es notwendig zu fokussieren: Aus dem grossen Problem-Strauss sind jene herauszulösen, die zügig gelöst werden können.

*Auch die nachhaltigste Lösung einer Aufgabe braucht in der Anfangsphase eines Projekts sichtbare Erfolge.*

*Die einzige Konstante in unserm Leben ist der Wandel.*

### One step back – two steps forward
Nicht zu verwechseln mit dem Sprichwort «Einen Schritt vorwärts und zwei zurück.» Zuerst gilt es, den Überblick zu gewinnen – man tritt einen Schritt zurück – analysiert die Situation, die Aufgabe. Dann sucht und entwickelt man Massnahmen, die einen vorwärtsbringen, am besten im Siebenmeilenstiefelmass. Allerdings kennen wir auch die Lebensweisheit, dass jeder Schritt gegangen und keiner ausgelassen werden darf.

### Opportunitäten sehen
Opportunitäten – Gelegenheiten, Chancen, Zweckmässigkeiten – entstehen durch Wandel, durch sich verändernde Situationen also ständig. Am häufigsten, wenn der Status quo auf Neues trifft und er sich neu verhalten muss. Opportunitäten passieren nicht nur, sondern können auch geschaffen werden. Am leichtesten, wenn man sich aktiv im eigenen Netzwerk bewegt und sensibel für Neues ist – oder wenn man sich als Querdenker betätigt.

### Love, change or leave it
Die einzige Konstante in unserem Leben ist der Wandel. Um zu bestehen, ist stete Anpassungsfähigkeit verlangt – von jeder Person, von jedem Unternehmen. Wandel zu bewältigen, erfordert Anstrengung in doppelter Hinsicht: Als Personen neigen wir zu einer gewissen Trägheit und lieben Gewohnheiten, beides ist nicht mehr zeitgerecht. Zudem müssen wir à jour sein und uns stets weiterbilden. Schliesslich gilt es, diesen Wandel (liebevoll) in den eigenen Lebenswandel zu integrieren. Konkret bedeutet es, ein Unternehmen selbstmotiviert zu verlassen, wenn der Firmen-Wandel nicht mehr mitgetragen werden kann.

## *Nicht dem PR-Marketing-Schönsprech oder dem Politik-Sowohl-als-Auch verfallen.*

**Folge Deinem Herzen**
Eigentlich eine Devise, die für alles gilt. Selbstverständlich gibt es die sogenannten Sachzwänge. Aber auf längere Zeit gibt es kaum/keine Entschuldigung, nicht den Herzenswünschen zu folgen, sonst wird – nicht nur – das Herz krank. Siehe auch Love, change or leave it.

**Bei den Menschen passion and compassion freisetzen**
Leidenschaft und Mitgefühl sind wesentliche Charakteristika von ethisch motivierten Unternehmerinnen und Unternehmern. Aber auch Teams funktionieren dank diesen beiden Eigenschaften hervorragend.

**Furchtlos an die Sache herangehen**
Furchtlosigkeit könnte noch ergänzt werden, dass mit einer offenen Haltung – nicht zu verwechseln mit ergebnisoffen – an eine Sache herangegangen wird. Nichts wird ausgeklammert. Nichts wird beiseite geschoben, vor nichts werden die Augen geschlossen; selbst, wenn die Folgen, seien es Risiken oder Chancen, nicht vollständig vorhersehbar sind (wann ist das schon der Fall?).

**Es braucht «gerade» Antworten**
Sagen, was Sache ist. Nicht schwurbeln. Nicht dem PR-Marketing-Schönsprechen oder dem Politik-Sowohl-als-Auch verfallen. Selbst wenn die klare Sprache Konsequenzen hat. Das ist eigentlich der wesentliche Sinn von Sprache. Verständlich für alle reden, vor allem die Betroffenen einer Strategie, eines Plans, einer Massnahme wollen und müssen wissen, welche konkreten Folgen eine Entscheidung für sie hat. Als Leitlinie für eine «gerade» Kommunikation, für «gerade» Antworten dienen die journalistischen «W-Fragen»: Wer, Was, Wann, Wo, Warum, Wie.

**Von der Lösung her denken**
Von der Lösung her denken bedeutet, nicht als Bedenkenträger, als Pessimist, sondern als optimistischer Realist an eine gestellte Aufgabe heranzugehen. Sich nicht vom Problem überwältigen oder entmutigen zu lassen. Die zentrale Startfrage ist deshalb: Was wollen wir erreichen? Was ist unser Ziel? Nur wer sich darüber klar ist, kann zielgerichtet einen Lösungsweg bestimmen. Auf dem Weg sind die notwendigen Entscheidungen immer wieder an der Zielerreichung zu messen.

Angesprochen darauf, wie er seine praktisch-philosophischen Erkenntnisse gewonnen hat, meint Nik: «Ein Modell Gugger gibt es nicht. In meiner Ausbildung habe ich an Modellen gelernt. Die Erfahrung hat mich jedoch gelehrt, von der Lösung her zu denken. Zudem versuche ich in einem Projekt immer sofort einzubringen, was mir gerade durch den Kopf geht.»

*Sich nicht vom Problem überwältigen oder entmutigen lassen.*

**Mail von Nik vom 16.07.2022 aus Indien an einen Freund**

«Hier ein paar crazy Gedanken aus den Ferien zum Thema Vergebung. Überlegte mir gerade, was mir so im Alltag hilft.

- Um denen wahrhaft zu vergeben, die mich verletzt haben, muss ich immer wieder lernen, mich zu ergeben.
- Ich weiss, «sich ergeben» kann ein Ausdruck sein, der Menschen irritiert. Wir neigen dazu, es mit dem Verlust einer Schlacht gleichzusetzen, dem Hissen der weissen Flagge, sich dem Feind geschlagen zu geben.
- Ich muss akzeptieren, dass nur Gott allein das Herz eines Menschen richten kann. Ich entscheide nicht, ob jemand Strafe verdient oder Gnade. An Rachegelüsten festzuhalten, beschert mir nur Bitterkeit.
- Wenn ich Frieden möchte, muss ich immer wieder lernen, meinen Ärger und meinen Stolz an den Schöpfer zu übergeben, damit ich mich auf mein Herz fokussieren kann.
- Sich ergeben ist somit eine bewusste Entscheidung, meinen Schmerz und meinen Wunsch nach Kontrolle zu Gottes Füssen zu legen und Ihn zu bitten, in mir zu wirken. Im Sinne von, der Mensch denkt, Gott lenkt.
- Diese Entscheidung gibt mir immer wieder die Kraft, nicht nachtragend zu sein.»

Philosophie

# Aju Pazhenkottil, wer ist Nik?

**Wie und warum ist Dir Nik aufgefallen?**
Nik ist ein äusserst liebevoller und aufgeschlossener Mensch, der stets offen auf seine Mitmenschen zugeht. Das schätze ich an ihm sehr und ist mir besonders aufgefallen.

**Wer ist Nik für Dich?**
Nik ist eine liebenswürdige Person und ein sehr enger Freund.

**Welche Eigenschaften werden Nik Deiner Meinung nach zugeschrieben?**
Nik ist sehr offen, herzlich, aufgeschlossen und stets für neue Ideen und Projekte zu haben.

**Was sind Niks Schwächen, was nervt?**
Da fällt mir spontan nichts ein.

**Nik sagt von sich, Menschen «empowern» zu wollen. Gelingt ihm das Deiner Meinung nach? Wie macht er das?**
Das gelingt ihm sehr wohl: Er geht sehr konsequent auf sein Gegenüber ein, hört genau hin und versucht stets, mit Rat und Tat zu helfen.

**Erkennst Du im unternehmerischen oder politischen Handeln von Nik Leitideen, Konstanten, Grundmuster? Welche?**
Er kann wie kaum sonst jemand neue Beziehungen aufbauen und bestehende Beziehungen pflegen, Leute miteinander vernetzen und neue Verbindungen herstellen.

**Wie siehst oder erlebst Du das Engagement von Nik für Indien?**
Nik setzt sich sehr stark für seine «zweite Heimat» Indien ein. Er ist sowohl in der Schweiz als auch in Indien sehr gut vernetzt und kann dadurch entscheidend zum gegenseitigen Verständnis und Aufbau von Kooperationen beitragen.

**Nik wurde 2021 in einer Studie der CH Media als wichtigster «Brückenbauer» im Bundeshaus bezeichnet. Hast Du ihn auch schon als «Brückenbauer» erlebt (wann, wo, wie)?**
Ja, sehr wohl. Er hat ein grosses Netzwerk und kennt sehr viele Personen. Durch seine offene und herzliche Art gelingt es ihm immer wieder ausgezeichnet, verschiedene Personen miteinander zu verbinden und neue Beziehungen herzustellen – im Sinne eines äusserst guten «Brückenbauers».

**Eine Stärke von Nik, so sagen viele, sei es, die verschiedensten Leute für eine Sache gewinnen und vernetzen zu können. Wie schafft er das?**
Das liegt meiner Meinung nach an seinem herzlichen und wohlwollenden Charakter. Er hört genau zu, schafft eine vertrauenswürdige Basis und kann äusserst gut die richtigen Leute zusammenbringen.

**Welche Bedeutung hat Nik in Deinen Augen als Politiker?**
Durch sein grosses Netzwerk mit vielen, starken Verbindungen und Beziehungen in der Schweiz und im Ausland – besonders in Indien –, kann er sich ideal in der Politik einbringen und sich mit grossem Engagement für die Bevölkerung einsetzen.

Philosophie

**Welche Bedeutung hat Nik in Deinen Augen als Unternehmer?**
Er hat viele und spannende Ideen und setzt sich dafür ein, dass diese auch effizient umgesetzt werden können. Das zeichnet ihn als guten Unternehmer und Visionär aus.

**Was wolltest Du zu Nik noch sagen?**
Es ist wunderbar, mit wie viel Liebe und Selbstlosigkeit er sich um seine Mitmenschen kümmert. Ich wünsche und hoffe, dass er weiterhin so aufgestellt, offen und liebevoll bleibt. Ein Mensch, der nur das Beste für die anderen Menschen will.

---

**Aju Pazhenkottil, PD Dr. med.,** ist ein enger Freund von Nik. Er ist in der Schweiz aufgewachsen, hat seine Wurzeln in Indien (seine Eltern sind vor über 50 Jahren aus Indien in die Schweiz ausgewandert) und ist sowohl in der Schweiz als auch in Indien gut vernetzt; eine Gemeinsamkeit, die ihn mit Nik verbindet. PD Dr. med. Aju Pazhenkottil ist Facharzt für Kardiologie, spezialisiert im Bereich Herzbildgebung und als Oberarzt am Universitätsspital Zürich tätig. Er ist Forscher und als Dozent an der Universität Zürich in der Aus- und Weiterbildung von Medizinstudenten und angehenden Fachärzten beteiligt. Er publizierte zahlreiche Fachartikel und wird oft für Vorträge im In- und Ausland eingeladen. Zudem engagiert er sich als Co-Präsident eines Wohltätigkeitsvereins für arme Menschen in Indien.

# Philipp Zurkinden, wer ist Nik?

**Wie und warum ist Dir Nik aufgefallen?**
Ich beschäftige mich eingehend mit rechtlichen und politischen Themen im Verhältnis zwischen der EU und der Schweiz. Nik ist mir in Bezug auf dieses Thema mit seinen innovativen und konstruktiven Ideen aufgefallen.

**Wer ist Nik für Dich?**
Er ist ein sehr engagierter Parlamentarier, der mit positivem Geist und Menschenverstand vorgeht und keinen Aufwand scheut, um seine Ideen zu realisieren.

**Welche Eigenschaften werden Nik Deiner Meinung nach zugeschrieben?**
Weltoffen, umtriebig, ehrlich, lösungsorientiert, der Gerechtigkeit und christlichen Werten verpflichtet.

**Was sind Niks Schwächen, was nervt?**
Manchmal ist er etwas unstrukturiert. Oft kommt er überfallartig mit Anliegen auf einem zu, und er ist hartnäckig.

**Nik sagt von sich, Menschen «empowern» zu wollen. Gelingt ihm das Deiner Meinung nach? Wie macht er das?**
Er kommt offen auf seine Gegenüber zu. Seine Ideen zeugen von Logik, Sachverstand und sozialem Engagement. Sie empowern.

**Erkennst Du im unternehmerischen oder politischen Handeln von Nik Leitideen, Konstanten, Grundmuster? Welche?**
Auch wenn seine Ideen von sozialem Engagement und christlichen Werten zeugen, ist er auch genügend Realist, um die wirtschaftlichen Komponenten angemessen miteinfliessen zu lassen. Er bringt die involvierten Personen miteinander in Kontakt und ist Tag und Nacht erreichbar, um zu diskutieren.

**Wie siehst oder erlebst Du das Engagement von Nik für Indien?**
Es ist ein echtes und ehrliches Bekenntnis. Mit grossem persönlichem Aufwand realisiert er Ideen, um uns die Kultur Indiens auf eine interessante Weise näherzubringen. Seine persönliche «Geschichte» machen seine Anstrengungen noch überzeugender.

**Nik wurde 2021 in einer Studie der CH Media als wichtigster «Brückenbauer» im Bundeshaus bezeichnet. Hast Du ihn auch schon als «Brückenbauer» erlebt (wann, wo, wie)?**
Brückenbauer ist die richtige Bezeichnung. Er bringt überzeugend Menschen und Kulturen zusammen, eine Tätigkeit, die gerade in der heutigen Zeit von unschätzbarem Wert ist. Ich habe seine Brückenbauer-Funktion selbst bei Diskussionen im Zusammenhang mit Europa, der Ukraine und Indien erlebt.

*Er bringt überzeugend Menschen und Kulturen zusammen, eine Tätigkeit, die gerade in der heutigen Zeit von unschätzbarem Wert ist.*

**Eine Stärke von Nik, so sagen viele, sei es, die verschiedensten Leute für eine Sache gewinnen und vernetzen zu können. Wie schafft er das?**
Siehe vorherige Fragen.

**Welche Bedeutung hat Nik in Deinen Augen als Politiker?**
Er bringt konstruktive und innovative Ideen mit sozialen Elementen ein, ohne die wirtschaftlichen Faktoren aus den Augen zu verlieren.

**Welche Bedeutung hat Nik in Deinen Augen als Unternehmer?**
Er ist ein schnell denkender und engagierter Unternehmer, der sich und sein Netzwerk im Sinne der Firma intensiv angeht, ohne das soziale Element zu vernachlässigen.

**Was wolltest Du zu Nik noch sagen?**
Für seine Arbeit möchte ich ihm zunächst einmal «Danke» sagen. Pass aber auch auf Dich auf!

---

**Philpp Zurkinden,** 1963, studierte Jura, erwarb das Berner Fürsprecher-Patent, am Europainstitut des Saarlandes folgte ein Master in Europarecht (LL.M.Eur) und an der Uni Basel ein Doktorat zum Kartellrecht. Bei der EU-Kommission in Brüssel war er als «expert national» tätig, bevor er in die Bundesverwaltung (BAWI) eintrat und 1996 zur WEKO wechselte. Für eine Zürcher Anwaltskanzlei baute er das Berner Zweigbüro und eine Repräsentanz in Brüssel auf. 2013 verlieh ihm die Uni Basel die Titularprofessur für Kartellrecht. Er unterrichtet europäisches und internationales Wettbewerbsrecht am Europainstitut Basel und an der Uni Bern und publiziert regelmässig. Neben Deutsch, Französisch, Italienisch und Englisch spricht er Spanisch. Seit 2000 ist er mit einer spanischen Anwältin verheiratet, sie sind Eltern von drei gemeinsamen Kindern im Alter von 21, 19 und 13 Jahren.

Philosophie

# Josef Hänggi, wer ist Nik?

**Von:** josef.haenggi@zak.ch
**Gesendet:** Freitag, 26. Mai 2006 22:26
**An:** nik.gugger@jugendarbeit.ch
**Betreff:** persönliche Rückmeldung

**Lieber Nik**

Ich habe selten bei jemandem, deines Alters so das Gefühl gehabt, einen Menschen mit viel Lebenserfahrung vor mir zu haben, also viel mehr als das betreffende Alter eigentlich «erlaubt». Du zeigst dich ungemein engagiert und reisst dein Gegenüber förmlich mit. Das sind gute oder sehr gute Eigenschaften in diesem Metier.

Diese Stärke kann gleichzeitig jedoch auch deine Schwäche sein. (Höre dich sagen, «wem sagst du das?», siehe Zwischenwertung). Indem du voller Energie, fast mitreissender Leidenschaft, in die Fragen und Probleme des Gegenüber einsteigst, gibst du weniger Gelegenheit, bei etwas stehen zu bleiben. Ich würde mal versuchen, mich zu zwingen, jede 2. Erklärung auszulassen, einfach Stille, und hören, was kommt.

Damit erhöhst du die Wirksamkeit deiner Interventionen und machst, dass das, was du sagst, gehört wird. Du hast Wichtiges zu sagen, aber bei zu vielen Worten besteht die Gefahr, nicht mehr gehört zu werden. Und jetzt komme ich an die eingangs erwähnte Lebenserfahrung. Du bringst «das Nötige» mit, um mit Menschen, wo es sinnvoll ist, in die Tiefe zu gehen. Stehen zu bleiben, etwas auszuhalten. Viel Erfolg damit.

Du beeinflusst in gutem Masse den Gruppenprozess auf eine positive Weise. Ich habe dich gerne in der Gruppe gehabt, du warst ein wichtiges Mitglied und hast dich gezeigt, wie du bist, und nicht hinter etwas verstecken müssen, was für deine Selbstsicherheit spricht. Gerade die richtige Portion.

Du hast die Gruppe (mich) auch teilhaben lassen an deinem Leben und an deiner Arbeit. Ich freue mich auch über deine Kursleiter-Tätigkeit und über deine Erfolge damit und mit anderem (Politik) und Familie. Alles Gute für die Zukunft und herzliche Grüsse

Josef Hänggi

---

**Josef Hänggi**, Gründer und langjähriger Leiter des Zentrums für Agogik in Basel, Prüfungsexperte bei der Ausbildung von Supervisoren BSO. Heute ist er pensioniert. Nik hat bei ihm die Ausbildung im Bereich Supervision und Organisationsentwicklung absolviert. In den Jahren 2005/2006 verbrachte er mit Hänggi über 100 Stunden intensiven, persönlichen Lernaustausch und schloss mit dem Diplom als Supervisor BSO ab. Das Mail von Josef Hänggi mit den offenen Einordnungen entstand in diesem Kontext. Nik betrachtet die Ausbildung und den persönlichen Kontakt zu Josef Hänggi als «prägend» für seinen Weg als Supervisor und Berater.

Philosophie

# Daniel Schenker, wer ist Nik?

**Wie und warum ist Dir Nik aufgefallen?**
Durch ein Indien-Projekt von Weltklasse Zürich wurde mir der Kontakt von Nik vermittelt. Ein paar Wochen später haben wir uns zum Abendessen getroffen und ich war sofort angetan von seinem direkten, aber immer authentischen Auftreten.

**Wer ist Nik für Dich?**
In einer Welt, die immer mehr von «Schein und Sein» lebt, schätze ich seine Demut und die Art, lösungsorientiert Herausforderungen anzupacken.

**Welche Eigenschaften werden Nik Deiner Meinung nach zugeschrieben?**
Er ist ein Machertyp. Das An- und Zupacken liegt in seinen Genen. Er ist sehr empathisch und hat ein offenes Herz für die Menschen, die es brauchen können.

**Was sind Niks Schwächen, was nervt?**
Er jongliert mit vielen Bällen. Dabei den Fokus zu behalten und nicht in zu viele verschiedene Richtungen gezogen zu werden, ist seine grosse Herausforderung.

**Nik sagt von sich, Menschen «empowern» zu wollen. Gelingt ihm das Deiner Meinung nach? Wie macht er das?**
Nik hat ein ausgeprägtes Gespür für Menschen und ihre Herausforderungen. Gleichzeitig kann er sein eigenes Ego für die Sache zurücknehmen und lösungsorientiert mit den Menschen im Zentrum die Sachen angehen.

**Erkennst Du im unternehmerischen oder politischen Handeln von Nik Leitideen, Konstanten, Grundmuster? Welche?**
Mit Demut lösungsorientiert Herausforderungen angehen.

**Wie siehst oder erlebst Du das Engagement von Nik für Indien?**
In seinem Handeln ist klar ersichtlich, dass ihm Indien und damit seine Geburtsherkunft am Herzen liegt. Ich nehme an, dass er auch die grosse Hebelwirkung erkennt, die seine Aktivitäten in Indien haben, um Verbesserungen in der Welt zu erreichen.

**Nik wurde 2021 in einer Studie der CH Media als wichtigster «Brückenbauer» im Bundeshaus bezeichnet. Hast Du ihn auch schon als «Brückenbauer» erlebt (wann, wo, wie)?**
Einer der grössten Stärken bei Nik sehe ich darin, dass er Menschen mit verschiedener Herkunft, Geschlecht, Ausbildung oder Glauben zusammenbringen kann. Er unterwirft sich keinen Dogmen. Wie er kürzlich innert kürzester Zeit elf Firmen vernetzen und für die Weltklasse Zürich begeistern konnte, ist ein beeindruckendes Beispiel seines Brückenbauens.

**Eine Stärke von Nik, so sagen viele, sei es, die verschiedensten Leute für eine Sache gewinnen und vernetzen zu können. Wie schafft er das?**
Seine äusserst direkte Art, eine nicht sehr schweizerische Eigenschaft, Menschen und Dinge anzusprechen und zusammen-zu-bringen, ist Niks Superpower.

**Welche Bedeutung hat Nik in Deinen Augen als Politiker?**
In einer Welt, die immer mehr polarisiert, braucht es speziell in der Politik Leute, die lösungsorientiert handeln, die eigenen Interessen zurückstellen und einen Weg nach vorne suchen. Genau das wünsche ich mir von den Politikerinnen und Politikern.

**Welche Bedeutung hat Nik in Deinen Augen als Unternehmer?**
Ich nehme Nik als Macher war. Wenn er eine Chance erkennt, nimmt er diese an und geht an die Umsetzung. Er braucht keine langen Risikoabschätzungsmeetings.
Er vertraut auf seine Instinkte und macht sich an die Arbeit.

**Was wolltest Du zu Nik noch sagen?**
Die weltoffene, dynamische und direkte Art, mit anderen Menschen umzugehen und diese mit seinen Anliegen zu begeistern, ist eine spezielle Eigenschaft, die ich ausordentlich schätze.

---

**Daniel Schenker,** 1973, verheiratet, Vater von vier Kindern, Ausbildung bei der ABB zum Maschinenmechaniker, anschliessend Bachelor Business Administration. Er führt seit 15 Jahren eine eigene Firma im Gasturbinen-Bereich. Er ist sehr sportbegeistert und war in jungen Jahren aktiver Leichtathlet und Rugbyspieler. Dies hat dazu geführt, dass er seit 15 Jahren in leitender Position bei der Weltklasse Zürich mitwirkt.

# Empowerment

*«Schwächen sind ungenutzte Stärken.»*

# Sozialarbeit, eine politische Dienstleistung

Ausbildung zum diplomierten Sozialarbeiter HFS/FH, Fachhochschule Aarau/Studiengang Sozialarbeit 1994–1998

## 1. Seminararbeit: Meilenstein und Kündigung

Die akademisch-theoretische Arbeit ist nicht die Lieblingsdisziplin von Nik. Dennoch hat er sich nach der abgeschlossenen Berufslehre als Mechaniker das Fachhochschul-diplom in Sozialer Arbeit hart und erfolgreich erarbeitet. Aufschlussreich für sein Denken und Handeln ist ein Blick in seine schriftlichen Arbeiten, in denen er seine beruflichen Tätigkeiten und ihre Herausforderungen reflektiert.

*Die kirchliche Sozialarbeit sollte in seiner Vorstellung eine «Dienstleistung» sein, die «über die Kirchengrenzen hinausgeht».*

Den ersten Job als «Gemeindehelfer»/Diakon, so kann man es wohl nennen, in der Jugend- und Sozialarbeit der reformierten Kirchgemeinde Lindau (Kanton Zürich), trat er 1993 ohne entsprechende Ausbildung an. Nach gut zwei Jahren verliess er im Sommer 1995 die Stelle im Zweidrittelpensum. Ein Rückblick auf diese Tätigkeit war Gegenstand seiner ersten Seminararbeit (Oktober 1995) – «Jugend- und Sozialarbeit in der ref. Kirchgemeinde Lindau» – an der Fachhochschule Aarau. Er berichtet in der Einleitung, dass die «Gestaltung des sozialen Auftrags in der reformierten Kirche immer wieder heftig umstritten» war. Die kirchliche Sozialarbeit sollte in seiner Vorstellung eine «Dienstleistung» sein, die «über die Kirchengrenzen hinausgeht».

## Gemeindehelfer in «unbebautem» Terrain

Sein Arbeitsfeld in Lindau war «weitgehend unbebaut», was ihm eine «grosse Flexibilität im Definieren und Anpassen der Ziele» erlaubte. Als Stärken dieses Modells nennt er «Niederschwelligkeit [...], ungezwungene Atmosphäre, Ernsthaftigkeit, Glaubwürdigkeit, die mit der Zeit gute Vernetzung mit Schule und Gemeinde sowie sozialen Dienststellen». Da er kein Büro hatte, bot er seine «unbürokratische Beratung» in seiner Wohnung an. Zudem unterrichtete er vier Wochenstunden «Lebenskunde» an der Oberstufe.
In der Stärke des Modells sah er zugleich seine Schwäche. Das fehlende Konzept machte die Ausübung des Jobs «weitgehend von der Person abhängig». Zudem bedauerte er, dass es für ihn keine direkten Kontakte zur Kirchenpflege, der verantwortlichen Behörde, gab, sondern nur eine indirekte über den «diakonischen Mitarbeiter», der «zwischen den Fronten» stand.

## Mehr vernetzen und mehr Politik in der Kirche

Im Kapitel «Perspektiven» skizzierte Nik «Strategie-Ansätze», um in Lindau eine «professionellere und wirksamere Sozialarbeit zu ermöglichen». Anzustreben sei eine bessere «Koordination und Zusammenarbeit (= Vernetzung)» zwischen Kirch-, Schul- und politischer Gemeinde. Der Kirchenpflege empfahl er die «Errichtung eines Ressorts Soziales/Diakonie», damit die sozialen Belange «sensibler wahrgenommen» würden.
Mit einem Verweis auf die Kirchenordnung der evangelisch-reformierten Landeskirche plädierte er abschliessend dafür, dass die Kirche «vermehrt auf die Bedeutung der politischen Entscheide und Strukturen hinweisen» sollte.

## Meilenstein in blumiger Sprache

Im Fazit zu seinem «arbeitstechnischen Vorgehen» gestand er ein, dass es aufgrund eines Unfalls sowie der Doppelbelastung durch Ausbildung und Arbeit in der Kirchgemeinde zu «Spannungen» mit dem Vorgesetzten kam. «Durch die gedankliche Auseinandersetzung mit der Seminararbeit ist mir mein sozialarbeiterischer Auftrag viel bewusster geworden.» Da ihn das erste Ausbildungsjahr «stark durchschüttelte», kündigte er die Stelle in Lindau. Die mit der Gesamtnote 5 bewertete Seminararbeit sah er als «gewichtigen Meilenstein» und als «wichtigen und schmerzhaften Lernprozess». Die Gutachterin wies in der Beurteilung, neben wenigen fachlichen Hinweisen, besonders auf die «blumige Ausdrucksweise» von Nik hin. Die sei «in einer solchen Arbeit nicht angebracht». Zudem stellte sie fest, dass die «weibliche Form» manchmal fehle.

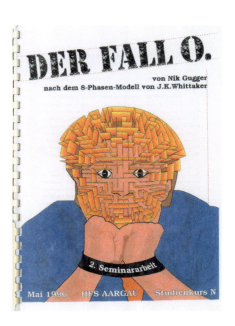

## 2. Seminararbeit: Beratener und Berater bewerten

Aus der Bemerkung zur Gendersprache hatte Nik für seine zweite Seminararbeit (Mai 1996) vermeintlich gelernt. In der Einleitung wies er auf sein Sprachkonzept hin: «Um weder Leserinnen noch Lesern auf die Zehen zu treten, verwende ich in meiner Arbeit jeweils beide Geschlechtsformen. Die Leserin oder der Leser kann sich beim stillen Lesen jeweils die entsprechende Form auswählen.» Die Gutachterin oder der Gutachter (lässt sich nicht mehr eruieren) streicht den kurzen Absatz doppelt durch und kommentiert: «Was soll das?»

## «Der Fall O.»

«Der Fall O. nach dem 8-Phasen-Modell von J. K. Whittaker», Niks Studie ist dem jungen Mann gewidmet. O. wendet sich an Jugend- und Sozialarbeiter Nik: «Er vermisse eine Familie, habe wenig Kolleginnen und Kollegen. [...] Er fühle sich sehr einsam, alleine gelassen und nicht lebensfähig.» O. wächst bei seiner 76-jährigen Grossmutter auf. Der Vater, «ein Raubtier-

Dompteur», verliess die Familie, als O. dreijährig war. Seine Mutter empfand er als «Rabenmutter», die ihn bei seiner Grossmutter deponierte und zu der er nur «gelegentlich und ungern» Kontakt hatte. Nach der Sekundarschule besuchte er die Verkehrsschule mit dem Ziel, Zöllner zu werden. Der Bund strich diese Ausbildungsplätze «rezessionsbedingt». Für eine KV-Ausbildung fand er keine Firma. O. hatte das Gefühl, «das Dach würde ihm auf den Kopf fallen, er habe oft Kopfweh und könne schlecht einschlafen». Er sei «enttäuscht von den Christen» und «sehe keinen Sinn mehr im Leben». Das war die «Phase 1 – Fallaufnahme» im 8-Phasen-Modell im Fall O., wie Nik sie schilderte. Die Arbeit beschreibt alle acht Phasen des Whittaker-Modells anhand von O.

## Inszenierte Bedrücktheit?

Im zweiten Teil der Arbeit bewertete Nik, ebenfalls in acht Phasen, sein Vorgehen im Fall O. Es sei ihm gelungen, «eine Vertrauensbasis mit O. zu schaffen», analysierte er. Detailliert beschreibt er seine Körperhaltung während des Gesprächs: «Anfangs sass O. im Stuhl, als würde nächstens die Welt untergehen und seine Mimik war auf Schlechtwetter eingestellt. […] Manchmal hatte ich den Verdacht, er inszeniere seine Bedrücktheit mehr oder weniger unbewusst, um mein Mitgefühl zu erreichen.»
Nik kam in «Phase 7 – Auswertung» zum Schluss, dass sich die wöchentlichen Gespräche mit O. bewährt hatten. Hätte es kürzere Beratungsintervalle gegeben, so befürchtete Nik, dass der Fall «noch mehr den Charakter einer Betreuung bekommen hätte und eventuell zu einem Plauderstündchen verkommen wäre.»

Zum Abschluss des Falls O. schrieb Nik in «Phase 8 – Abschluss und Nachbehandlung» unter dem Stichwort «Optimierung»: «Es wäre gut, schon früher den Mut zu haben, die Klientin oder den Klienten in eine spezialisierte Behandlung weiterzugeben, und mir bewusst zu sein, dass dies in keiner Weise ein Versagen meinerseits bedeutet.» Insgesamt bilanziert er zur Seminararbeit, er habe «mehr investiert als ursprünglich geplant». Für «ein anderes Mal» nimmt er sich eine «bessere Gliederung» vor, dass er seine «Puzzleteile eingliedern kann».

## 3. Seminararbeit: Striptease zu Stärken und Schwächen

«Standortbesinnung, Standortbestimmung des eigenen Beratungsverhaltens» (März 1997), war der Titel der dritten Studie von Nik an der Fachschule. Es ist eine beherzte Analyse der eigenen Stärken und Schwächen in der Jugendberatung. Die «Smiley» auf der Titelseite illustrieren die oft wechselnden Gesichtsausdrücke während einer Beratung. Dazu formulierte er in der Einleitung: «Ich wünsche den verbissenen, verbitterten, ängstlichen, ratlosen, traurigen und wütenden Gesichtern innerlich, sie mögen sich und mir im Laufe der Beratung ein Lächeln schenken.»

*Da er sich vom professoralen Urteil gequält fühlte, wollte er dem Professor beweisen, dass er es kann.*

## Stärken: Offen und direkt

Zu seinen Stärken schrieb Nik: «Ich bezeichne mich als eine direkte, offene Person, die herzlich und einfühlend auf Menschen zugehen kann, ohne sich dabei von Vorurteilen leiten zu lassen. [...] Neuem und Andersartigem stehe ich offen gegenüber. [...] Eine mich aufsuchende Person kann ohne weiteres bei mir ihren extremen Gefühlen (Wut, Freude, Trauer, Frust) freien Lauf lassen. [...] Ich kann mich meist gut in die Gedankenwelt des Klienten/der Klientin einfühlen und seine/ihre Gefühle nachvollziehen. Dadurch ist es für mich leicht, die Wurzel des offenliegenden oder versteckten Problems zu erkennen.»

## Schwächen: Drängen, das Wort abschneiden

Als «Schwachpunkt» beschrieb er, sich «zu stark von den Klienten und ihren Sorgen einnehmen zu lassen und darin zu wenig Distanz zum Privatleben zu gewinnen». Nik erkannte einen weiteren «Nachteil in seiner Person», wenn er «die Sache oft allen recht machen will». Dabei sei es nicht so, dass seine Tätigkeit niemandem mehr recht sei, vielmehr komme es für ihn «persönlich zu einem Gewissenskonflikt». Er gab zu, administrative Arbeiten «im Zusammenhang mit Beratungsaufgaben» als «notwendiges Übel» zu erledigen.

Die Selbstanalyse ging weiter: Er lasse sich «oft zum Drängen verleiten», neige dazu, «dem Gesprächspartner das Wort abzuschneiden, wenn er sich zu lange bei einem Gedanken aufhält und ich selbst schon weitergegangen bin». Es falle ihm schwer, gestand Nik ein, «am Ball zu bleiben», wenn «sich im Gespräch Fortschritte nur zögerlich» zeigten. Die Gründe für diese Schwächen, die bei Klienten zu «Blockierungen» führen können, erklärte er mit seiner Vorstellung zur «Lösung eines Problems», die «zügig vorankommen» solle.

## Kritikfähigkeit verbessern

Positives und Negatives in der Selbsteinschätzung zu formulieren, ist das eine. In der Seminararbeit galt es, auch noch die Frage zu beantworten: «Was will ich verändern?». Als erstes nannte Nik eine «verbesserte Abgrenzung» der Klientenprobleme vom eigenen Privatleben. An der «Kritikfähigkeit und meinem Umgang mit Niederlagen zu arbeiten», schien ihm ebenfalls wichtig.

*Die «Smiley» auf der Titelseite illustrieren die oft wechselnden Gesichtsausdrücke während einer Beratung.*

«So lassen, weil es gut ist», wollte er seine Fähigkeit, den Klienten zu vermitteln, «die Hoffnung nicht verlieren». Dazu dienten ihm der Song «Hope for the hopless. Hope for them all» von Sheila Walsh. Und die untenstehende Zeichnung aus dem Soziologieunterricht bei Prof. Dr. René Riesen ist Nik bis heute als Leitfaden wichtig.

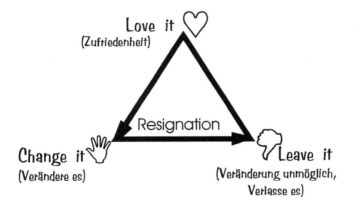

## Diplomarabeit: «Linker» reflektiert «Rechte»

Um die Jahrtausendwende war Rechtsextremismus in der Schweiz in verschiedenen Formen ein Thema. Beispielsweise wurde Bundesrat Kaspar Villiger im Jahr 2000 bei seiner 1. August-Rede auf dem Rütli von rund 100 Naziskins mit Buhrufen massiv gestört. Der Staatsschutz-Bericht zum Jahr 1999 stellte fest, dass die «rechtsextreme Szene» in der Schweiz «weitgehend konspirativ organisiert» und «ein klarer Trend zur Vergrösserung» erkennbar sei. Zudem habe sie sich «stark verjüngt» und die «gewalttätigen Aktionen nahmen zu».

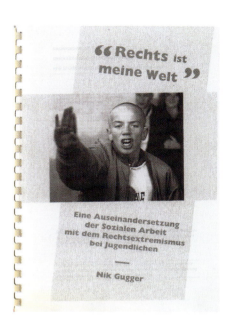

## Akzeptierender Ansatz

In diesem Kontext verlangte eine Interpellation im Winterthurer Stadtparlament Auskunft über die rechtsextreme Szene in der Stadt. Es wurde nach präventiven und repressiven Massnahmen gefragt. Zudem wollten die Interpellantin, Regula Forster, und 30 Mitunterzeichnende wissen, ob es in der Stadt «eine speziell auf Rechtsextreme ausgerichtete Jugendarbeit» gäbe.
Dieser Hintergrund beeinflusste Nik bei der Wahl seines Themas für die Diplomarbeit an der Fachhochschule Aarau (2000): ‹Rechts ist meine Welt.› Eine Auseinandersetzung der Sozialen Arbeit mit dem Rechtsex-tremismus bei Jugendlichen. Er wollte «den Beitrag der Sozialen Arbeit im Bereich des Rechtsextremismus reflektieren.» Konkret ging es ihm darum zu erklären, «ob Soziale Arbeit mit einem nicht stigmatisierenden, nicht kriminalisierenden, integrativen Ansatz» (akzeptierende Soziale Arbeit) auf die «soziale Herausforderung der Integration von rechtsextremen Jugendlichen reagieren kann». Im Blick hatte er nicht nur Winterthur, sondern die «Soziale Arbeit in der Schweiz».

## Dialog als «letzte Möglichkeit»

In der Studie kommt Nik zum Schluss, dass eine Soziale Arbeit mit der Methode des akzeptierenden Ansatzes «in innovativer Weise die Jugendlichen ins Zentrum stellt und nicht die Probleme, die sie verursachen.» Diese Herangehensweise verlange «soziales und politisches Engagement auf einer ganz persönlichen Ebene». Besonders hebt Nik hervor, dass es dazu eine «langwierige Auseinandersetzung im Face-to-Face-Kontakt mit Jugendlichen» brauche. Sozialarbeiter müssten an der «Chance des Dialogs mit den Jugendlichen festhalten». So könnte jungen Menschen, die dem «gesellschaftlichen Ausschluss zum Opfer fallen würden», so etwas «wie eine letzte Möglichkeit» im Leben geben werden.
Zugleich betont er die Bedeutung der «politischen Arbeit» und hat dabei die «Wegbereiter und Organisatoren von Rechtsextremismus, Rassismus und nationalem Elitedenken» im Blick. Um einzuschränken, dass Soziale Arbeit «nicht ein politisches Problem löst» sondern sich mit dem «Problem der Betroffenen» befasst. Nik zeigt sich überzeugt, dass man sich in der Bekämpfung des Rechtsextremismus fokussieren müsse, zu beeinflussen, was beeinflussbar sei – «die Jugend» (mit Berufung auf den Erziehungswissenschaftler Micha Brumlik). So könne und müsse die Soziale Arbeit mit ihrem gesellschaftlichen Beitrag dem «selbstgestellten, professionellen [...] Leistungsauftrag gerecht werden», schliesst Nik seine Arbeit.

*Die Jugendlichen ins Zentrum stellen, nicht die Probleme.*

# Guy Parmelin, wer ist Nik?

**Wie und warum ist Ihnen Nik Gugger aufgefallen?**
Das erste Mal hörte ich von ihm, als er 2017 in den Nationalrat nachrutschte. Mit seinen kritischen Vorstössen und unbequemen Fragen im Bereich Landwirtschaft und Umweltschutz hat er meine Aufmerksamkeit auf sich gezogen. Seine direkte und spontane Art fällt sofort auf. Auch sein Engagement für Indien ist mir nicht verborgen geblieben. Kürzlich hat er mich auf einer Reise nach Indien begleitet, wertvolle Inputs geliefert und unser Bestreben nach einem Freihandelsabkommen mit Indien tatkräftig unterstützt.

**Wer ist Nik Gugger für Sie?**
Er ist ein Brückenbauer, eine Person, die auf so vielen Hochzeiten tanzt, dass wir uns nur selten sehen. In den Kommissionen und im Parlament begegnen wir uns aber immer wieder.

**Welche Eigenschaften schreiben Sie ihm zu?**
Er ist engagiert und einfallsreich. Er macht sehr viel, vielleicht manchmal fast zu viel.

*Er ist ein Brückenbauer, eine Person, die auf so vielen Hochzeiten tanzt, dass wir uns nur selten sehen.*

Empowerment

Für einen Austausch zu einem möglichen Freihandelsabkommen zwischen der Schweiz und Indien trafen sich Bundesrat Guy Parmelin und der indische Wirtschaftsminister Piyush Goyal. Nik war bei diesem Treffen am 4. Oktober 2022 in Neu-Delhi auf Einladung von Bundesrat Parmelin als Mitglied der Schweizer Delegation dabei.

**Nik Gugger sagt von sich, Menschen «empowern» zu wollen. Gelingt ihm das?**
Soweit ich dies beurteilen kann: Ja. Er ist ein grosser Motivator. Er spricht und fordert sehr viel, kann aber ebenso gut zuhören. Er packt mit an und hat den Kopf immer voller Ideen.

---

**Guy Parmelin,** Bundesrat, wurde am 9. November 1959 geboren. Er ist verheiratet und wohnt in Bursins im Kanton Waadt. Der Meisterlandwirt und -weinbauer absolvierte ursprünglich eine englisch-lateinische Matur. Von 1993–1999 war er Gemeinderatspräsident von Bursins. Zwischen 1994 bis 2003 vertrat er die SVP im Waadtländer Kantonsparlament, bevor er 2003 in den Nationalrat gewählt wurde. Am 9. Dezember 2015 wählte ihn die vereinigte Bundesversammlung in den Bundesrat, wo er zuerst das eidgenössische Departement für Verteidigung, Bevölkerungsschutz und Sport VBS leitete. Seit 2019 führt er das Departement für Wirtschaft, Bildung und Forschung WBF.

# Jürg Rohner, wer ist Nik?

**Wie und warum ist Dir Nik aufgefallen?**
Nik fiel mir vor 15 Jahren im Benevol-Vorstand durch seine spontane und direkte Art auf.

**Wer ist Nik für Dich?**
Ein Freund, der auf so vielen Hochzeiten tanzt, dass wir uns nur selten sehen. Aber er nimmt das Telefon immer ab, wenn ich anrufe.

**Welche Eigenschaften werden Nik Deiner Meinung nach zugeschrieben?**
Direkt, offen, spontan, engagiert, einfallsreich.

**Was sind Niks Schwächen, was nervt?**
Er kann schlecht nein sagen. Macht zu viel und vergisst dann manchmal, was er vor einer Woche abgemacht hat.

**Nik sagt von sich, Menschen «empowern» zu wollen. Gelingt ihm das Deiner Meinung nach? Wie macht er das?**
Ja, sicher. Er macht es mit Zuhören und Fordern.

**Erkennst Du im unternehmerischen oder politischen Handeln von Nik Leitideen, Konstanten, Grundmuster? Welche?**
Anpacken. Und er hat den Kopf immer voller Ideen.

**Wie siehst oder erlebst Du das Engagement von Nik für Indien?**
Ich kenne einzelne seiner indischen Freunde und einzelne seiner indischen Aktionen. Beides überzeugt.

**Nik wurde 2021 in einer Studie der CH Media als wichtigster «Brückenbauer» im Bundeshaus bezeichnet. Hast Du ihn auch schon als «Brückenbauer» erlebt (wann, wo, wie)?**
Ja, schon mehrmals bei unseren gemeinsamen Aktionen. Er baut Brücken durch das Zuhören, das Vermitteln und mit pragmatischen Lösungsvorschlägen.

**Eine Stärke von Nik, so sagen viele, sei es, die verschiedensten Leute für eine Sache gewinnen und vernetzen zu können. Wie schafft er das?**
Siehe Frage 8.

**Welche Bedeutung hat Nik in Deinen Augen als Politiker?**
Bin zu weit weg von Bern, um das einschätzen zu können. In Winterthur spürt man ihn seit dem politischen «Wegzug» nach Bern wenig.

**Welche Bedeutung hat Nik in Deinen Augen als Unternehmer?**
Er ist sehr engagiert und anpackend. Er hat viele und häufig auch unkonventionelle Ideen.

**Was wolltest Du zu Nik noch sagen?**
Es ist toll, dass es ihn gibt.

---

**Jürg Rohner,** Jurist, Vater von vier Kindern, früher oder teilweise immer noch engagiert in Organisationen, wie z. B. Benevol, lokales Schulheim, Kita-Trägerschaft, adlatus, Schloss Hegi, Wasserrad-getriebene Sägerei.

# Donato Scognamiglio, wer ist Nik?

**Wie und warum ist Dir Nik aufgefallen?**
Das Schweizer Fernsehen berichtete im April 2022 über eine kleine Gruppe des Schweizer Parlaments, welche mitten im Krieg nach Kiew reiste. Das fand ich echt mutig; mit dabei auch Nik Gugger.

**Wer ist Nik für Dich?**
Er ist für mich wie das Salz in der Suppe. Mit seinem sozialen Engagement und seinem Drive packt er wichtige Anliegen unserer Gesellschaft furchtlos an, nicht mit Worten, sondern mit Taten. Er predigt nicht Nächstenliebe, sondern versucht diese zu leben.

**Welche Eigenschaften werden Nik Deiner Meinung nach zugeschrieben?**
Engagiert, ehrlich, unternehmerisch, sozial und offen.

**Was sind Niks Schwächen, was nervt?**
Da müsste man eher seine Kinder oder seine Frau fragen. Schnelldenker, die Vollgas geben, können langsame Berner wie mich stark (über)fordern, nerven jedoch nicht.

**Nik sagt von sich, Menschen «empowern» zu wollen. Gelingt ihm das Deiner Meinung nach? Wie macht er das?**
Ja, er hebt die anderen und ihre Stärken hervor und nicht sich. Dies macht ihn extrem glaubwürdig und vertrauensvoll. Er weiss, dass es klug ist, sich nicht selber zu erheben.

**Erkennst Du im unternehmerischen oder politischen Handeln von Nik Leitideen, Konstanten, Grundmuster? Welche?**
Mit Vollgas, furchtlos, mit einem gesunden Gottvertrauen für die Anliegen sozial schwächerer Menschen, so ist er unterwegs. Er geht auf alle zu und sieht den Menschen und nicht die unterschiedlichen Meinungen und Barrieren. Mit geschickten Netzwerken öffnet er wichtige Türen und ermöglicht es Schweizer Unternehmen, erfolgreich zu sein.

**Wie siehst oder erlebst Du das Engagement von Nik für Indien?**
Dies fasziniert mich sehr. Indien ist auch für Schweizer Unternehmen mehr als zentral. Hochmotivierte und qualifizierte Menschen arbeiten täglich nicht nur in der Softwareindustrie für Schweizer Unternehmen. Vor rund 30 Jahren durfte ich selber in Indien eine Informatikfirma aufbauen und es freut mich sehr, wenn Personen wie Nik mit ihrem sozialen Engagement Indien auch wieder etwas zurückgeben können.

**Nik wurde von einer Zeitung als wichtigster «Brückenbauer» im Bundeshaus bezeichnet. Hast Du ihn auch schon in dieser Funktion erlebt (wann, wo, wie)?**
Persönlich kenne ich ihn noch nicht lange. Ich kann aber sagen, dass es nur wenige Minuten brauchte, um im Gespräch bei einem Ingwergetränk Brücken zu bauen. Als ich ihm sagte, dass wir seit 30 Jahren mit fast 100 Personen in Goa und Kerala in Indien Software und Statistische Modelle für die Schweizer Finanzindustrie entwickeln, hat er mich sofort in die India Lodge am Meeting Weltklasse Zürich eingeladen.

**Eine Stärke von Nik, so sagen viele, sei es, verschiedenste Leute für eine Sache miteinander vernetzen zu können. Wie schafft er das?**
Gehen Sie auf ihn zu, dann merken Sie dies selbst. Kein Witz, rufen Sie ihn einfach an. Er wird Sie sofort treffen, mit Ihnen sprechen, Ihnen zuhören und Ihr Anliegen ernst nehmen und versuchen, Ihnen zu helfen.

**Welche Bedeutung hat Nik in Deinen Augen als Politiker?**
Von der Grösse seiner Partei her betrachtet, ist er noch ziemlich einsam in Bern unterwegs. Er wird nicht mit politischer Macht die Welt verändern. Doch indem er die Herzen der Menschen erreicht, kann er für unser schönes Land noch viel Gutes erreichen.

**Welche Bedeutung hat Nik in Deinen Augen als Unternehmer?**
Er ist ein quirliger Unternehmer. Man muss sich warm anziehen, wenn man mit seinem Tempo mithalten will. Er sprüht nicht nur vor Ideen, sondern bringt diese zum Wohl anderer auch auf den Boden.

**Was wolltest Du zu Nik noch sagen?**
Seine kühnsten Träume sollen wahr werden dürfen, das wünsche ich ihm.

---

**Prof. Dr. Donato Scognamiglio,** 1970, ist CEO und Mitinhaber der Informations- und Ausbildungszentrums für Immobilien AG (IAZI) in Zürich. Er studierte in Bern und an der William E. Simon Graduate School of Business Administration in Rochester (New York) Betriebs- und Volkswirtschaftslehre sowie an der ETH Zürich Statistik. Er promovierte an der Universität Bern, ist Dozent für Real Estate & Finance und Titularprofessor der Wirtschafts- und Sozialwissenschaftlichen Fakultät der Universität Bern. Unter anderem ist er vom Bundesrat gewählter Vertreter der Schweizer Hypothekarschuldner im Verwaltungsrat der Pfandbriefbank Schweizerischer Hypothekarinstitute.

# Daniel Lüscher, wer ist Nik?

**Wie und warum ist Ihnen Nik aufgefallen?**
Bereits vor 15 Jahren war Nik mit seinen Engagements in Kirche, Politik und Gesellschaft omnipräsent in den Winterthur Medien. Er wirkte als Machertyp. Das begeisterte und überzeugte mich.

**Wer ist Nik für Sie?**
Ein treuer Freund und Wegbegleiter. Speziell als Wegbegleiter überrascht er immer wieder. Nik taucht im exakt richtigen Moment auf, stellt die entscheidenden Fragen und verschwindet wieder. Seine Inputs haben Wirkung und basieren auf gegenseitigem Vertrauen und Offenheit.

**Welche Eigenschaften werden Nik Ihrer Meinung nach zugeschrieben?**
Vernetztes Denken, Aufmerksamkeit, schneller Lerner, Verantwortungsbewusstsein gegenüber Menschen und Natur, gewinnbringender Netzwerker über sämtliche Gräben und Brücken.

**Was sind Niks Schwächen, was nervt?**
Ist mit einem Viertel Ohr schon am nächsten Ort, lässt sich ablenken und ist in der Planung sehr agil.

**Nik sagt von sich, Menschen «empowern» zu wollen. Gelingt ihm das Ihrer Meinung nach? Wie macht er das?**
Ja, das gelingt ihm ausgezeichnet, das kann ich aus eigener Erfahrung beurteilen. Seine Ausstrahlung, sein Charakter, seine Menschenkenntnisse und sein vernetztes Denken, gepaart mit grossem Vertrauen machen ihm zum Mutmacher und Ermöglicher. Dies auch dank seiner grossen Erfahrung und seinem noch grösseren Netzwerk.

**Erkennen Sie im unternehmerischen oder politischen Handeln von Nik Leitideen, Konstanten, Grundmuster? Welche?**
Ganz klar; er ist ein erfolgreicher Ermöglicher und Brückenbauer. Er ist total glaubwürdig, überzeugend und versprüht positiven Spirit. Ob politisch oder wirtschaftlich, Nik setzt konkret um. Er bewegt erfolgreich Dinge – auch bei Gegenwind.

**Wie sehen oder erleben Sie das Engagement von Nik für Indien?**
Das sehe ich auf LinkedIn. Sieht glaubwürdig aus, kann es aber nicht wirklich beurteilen.

**Nik wurde von den Zeitungen der CH Media-Gruppe als wichtigster «Brückenbauer» im Bundeshaus bezeichnet. Haben Sie ihn auch schon in dieser Funktion erlebt (wann, wo, wie)?**
Ich erlebte ihn schon in Winterthur als wichtigsten Brückenbauer. Als ich mit Freunden die Klimaschutzbewegung MYBLUEPLANET gründete, vernetzte er uns unkompliziert mit allen wichtigen Stakeholdern in der Stadt. Er begegnet allen Menschen immer mit Respekt und schenkt Vertrauen. Das ist die ideale Grundvoraussetzung fürs Brückenbauen und Zusammenarbeiten. Seine Werte, seine transparente Kommunikation, seine stetige Suche nach cleveren, gewinnbringenden Lösungen lassen tragende Brücken auf gutem Fundament entstehen.

**Eine Stärke von Nik, so sagen viele, sei es, verschiedenste Leute für eine Sache miteinander vernetzen zu können. Wie schafft er das?**
Durch seine Positivität und Ausstrahlung. Nik hat keine Berührungsängste, kommuniziert zielgruppengerecht und intelligent. Dadurch schafft er Vertrauen, Nähe und zeigt gangbare Lösungen auf.

*Er ist ein quirliger Unternehmer. Man muss sich warm anziehen, wenn man mit seinem Tempo mithalten will.*

**Welche Bedeutung hat Nik in Ihren Augen als Politiker?**
Nik ohne Politik kann ich mir gar nicht vorstellen. Seine Passion, seine Werte und der unermüdliche Einsatz für unsere Gesellschaft machen Nik zu einem glaubwürdigen und erfolgreichen Politiker.

**Welche Bedeutung hat Nik in Ihren Augen als Unternehmer?**
Das kann ich nicht beurteilen. Ich sehe Nik eher im Verwaltungsrat von zukunftsträchtigen, nachhaltigen, überregionalen Unternehmen.

**Was wollten Sie zu Nik noch sagen?**
Nik kennt die Klimaschutzbewegung MYBLUEPLANET seit der ersten Stunde. Er unterstützt sie als Volunteer, beispielsweise als blauer Samichlaus, hilft mit Material aus, berät in wichtigen Momenten und öffnet Türen für das Wachstum der Organisation.

---

**Daniel Lüschers** Herz schlägt für seine Familie, den Klimaschutz und den blauen Planeten. 2007 gründete er die Klimaschutzorganisation MYBLUEPLANET, die er immer noch präsidiert. Aufgewachsen im Appenzellerland, studierte er Elektroingenieur EurEta und Wirtschaftsingenieur SVTS in St. Gallen. Zudem hat er einen Bachelor in Luftfahrt. In diesem Feld verwirklichte er seinen Kindheitstraum und wurde Linienpilot der Swissair/Swiss später Captain/Selection Officer bei PrivatAir und WestAtlantic. Heute arbeitet er als Project Manager bei MYBLUEPLANET und hat kürzlich ein DAS in Sustainable Business in Lausanne abgeschlossen. Daniel Lüscher ist verheiratet und lebt mit seiner erwachsenen Tochter in Winterthur.

# Empowerment – Engagement

Am Anfang von Empowerment steht bei Nik wohl die Gelassenheit. Eine Haltung, hinter der Power steckt. Gefördert und verlangt hat diese Einstellungen sein Elternhaus – «bei uns wird nicht usgrüeft». Dabei ist Gelassenheit im Guggerschen Sinne nicht mit Coolness zu verwechseln. Sondern versteht sich als «Ablassen» von dem, was man nicht ändern kann. Daraus erwächst jedoch nicht Passivität oder Defätismus, sondern das Engagement, sich dort mit Kraft, Ausdauer und Durchhaltewillen einzusetzen, wo man etwas verändern und verbessern kann. Wichtig ist Nik, dass das eigene Wirken darauf zielt, nicht nur sich selbst, sondern immer auch andere in einer Sache bzw. für eine Sache zu empowern, zu ermächtigen.

Hilfe zur Selbsthilfe, zur -behauptung, zur -ermächtigung zu leisten, zieht sich wie ein roter Faden durch das berufliche Leben von Nik. Mit dieser «Mission» will er in jungen Jahren den Ratlosen, den Schwachen helfen, den Randständigen, den Überforderten, den Kraftlosen, den Enttäuschten, den Platzspitz-Drögelern. Ihnen will er zu Kraft, Stärke und Selbstbehauptung verhelfen; aber nicht zu Selbstüberschätzung oder Rechthaberei. «Damals wie heute», so sagt er, «gehen mir Extreme auf den Sack».

## Sozialarbeiter und -unternehmer

Er ist ein verständiger Jugend- und Sozialarbeiter (erster Job: 1993 Jugend- und Sozialarbeit der Kirchgemeinde Lindau), aber immer auch schon der Sozialunternehmer. Praktiziert hat er diese Doppelrolle zuerst als Begründer der Schulsozialarbeit in Winterthur. Und ganz besonders als Gesamtleiter der «reformierten Fabrikkirche» (bis 2003: «reformierten Jugendkirche») in

Winterthur von 2007 bis 2018. Mit einem Budget von rund einer Million Franken realisierte er zusammen mit fünf Arbeitslosen, einem Pfarrer und zwei Gastro-Mitarbeitenden ein vielfältiges kirchliches Bildungs- und Beschäftigungsangebot. Dazu gehörte auch Innovatives: ein Vorläufer der heute etablierten Co-Working-Spaces, ein eigener Gastrobetrieb, der täglich rund 140 Essen servierte, eine «Glaubens-BAR», der Garten Eden oder die Weihnachtsfeier «Weihnachten – nackt» (mit nacktem, verdorrtem Tannenbaum). Parallel zu dieser unternehmerischen Aufgabe war Nik ab 2006 Dozent für Polizeipsychologie an der Polizeischule Winterthur; engagiert vom damaligen Leiter der Polizeischule, Peter Hauser. «Es war eine Top-Zusammenarbeit» blickt Nik zufrieden und ein wenig stolz zurück.

## Vorwurf «Sozialromantik»

Seine Diplomarbeit «Diakonisches Handeln in der Schulsozialarbeit» wurde vom betreuenden Professor abgelehnt. Obwohl in einem ersten Schritt die Note «genügend» erteilt worden war, sei die Arbeit trotzdem abgelehnt und in einer zweiten Bewertung als «ungenügend» taxiert worden (1998). Der kommunizierte Grund: Die Arbeit sei «nicht relevant». Ihm gegenüber, so erinnert sich Nik, habe der Professor geäussert, es handle sich beim diakonischen Handeln um «Sozialromantik». Es scheint, der Professor habe die «prozessuale Denkfigur des dienenden Modells», wie Nik heute sagt, nicht verstanden und leistete Widerstand. Sein Rekurs mit zweijährigem Rechtsverfahren war schlussendlich erfolgreich. Die begründete Entscheidung des Schiedsgerichts legte dar, dass der Professor falsch lag. Die Arbeit genügte den Anforderungen für eine Diplomierung zum Jugend- und Sozialarbeiter HFS/FH.

Empowerment

Die reformierte Fabrikkirche in Winterthur war für Nik ein Ort seines persönlichen und beruflichen Empowerments. Er entwickelte und realisierte ein Projekt, das in der Diakonie neue Wege ging. So wurde die reformierte Fabrikkirche beispielsweise ein Ort, wo man sich zum Mittagessen traf.

## Akzeptierender Ansatz

Während der Rechtsstreit lief, blieb Nik nicht untätig und schrieb eine zweite Diplomarbeit: ‹Rechts ist meine Welt›. Eine Auseinandersetzung der sozialen Arbeit mit dem Rechtsextremismus bei Jugendlichen» (2000). Mit der Themenwahl bzw. der Problematik war Nik der Zeit voraus. Auch diese Diplomarbeit wurde angenommen – ohne Wenn und Aber. Geschrieben hatte er sie bei jenem Professor, der seine erste Arbeit abgelehnt hatte und er dagegen rekurrierte. Was trieb ihn dazu, diesen Weg des Widerstands zu gehen? Lange Jahre hat er diese Situation reflektiert und für sich zwei Zugänge zu Lösungen gefunden. Da er sich vom professoralen Urteil gequält und unverstanden fühlte, wollte er dem Professor beweisen, dass er es kann. Fast um jeden Preis. Hinzu kam jedoch die Fähigkeit, vergeben zu können. Die Studie befasste sich mit dem «akzeptierenden Ansatz» in der Jugendarbeit. Dieses Konzept ist massgeblich von Franz Josef Krafeld, 1979 – 2012 Hochschullehrer an der heutigen Hochschule Bremen, Erziehungswissenschaften (Schwerpunkte: Jugendarbeit, offene Jugendarbeit, Jugendbildung, Akzeptierende Jugendarbeit mit rechten Cliquen, Streetwork) mitgeprägt worden. Krafeld verfasste dazu 1996 ein Standardwerk «Die Praxis akzeptierender Jugendarbeit. Konzepte, Erfahrungen, Analysen aus der Arbeit mit rechten Jugendcliquen».
Im Verständnis von Nik war und ist der akzeptierende Ansatz «soziales und politisches Engagement auf einer ganz persönlichen Ebene. Sie bringt eine langwierige Auseinandersetzung im face-to-face-Kontakt mit Menschen mit sich.» In seiner Diplomarbeit an der Fachhochschule Aarau/ Brugg ist Vertiefendes nachzulesen, wie beispielsweise die grundlegende Konzeption dieser Jugendarbeitsmethode. «Der Ansatz basiert auf kommunikativen, kreativen und grenzensetzenden Elementen. Es ist für mich ein

> *Was er in der Diplomarbeit formulierte, sei für ihn zur «Lebens-devise» geworden, sagt Nik heute.*

fachlich wichtiges Fundament für die politische wie auch unternehmerische Arbeit, das den Menschen, seine politische wie auch sozialunternehmerische Arbeit, das in innovativer Weise die Menschen ins Zentrum stellt und nicht die Probleme, die sie verursachen. Sie betonen die Beeinflussbarkeit und Veränderbarkeit menschlichen Handelns.» Was er so in der Diplomarbeit formulierte, sei für ihn bis heute zur «Lebensdevise» geworden, sagt Nik.

# Dieter Bachmann, wer ist Nik?

**Wie und warum ist Dir Nik aufgefallen?**
Bei Nik ist mir vor allem sein Berndeutsch mitten in Winterthur aufgefallen.

**Wer ist Nik für Dich?**
Nik ist ein Mensch mit dem Herzen am rechten Flecken. Ein Tausendsassa. Ein impulsiver Mensch mit vielen Ideen.

**Welche Eigenschaften werden Nik Deiner Meinung nach zugeschrieben?**
Nik ist ein Menschenfischer. Er begeistert Menschen und vernetzt diese.

**Was sind Niks Schwächen, was nervt?**
Nik will zu vieles miteinander. Er hat überall eine Idee, will jedem helfen und ist stets voller Tatendrang. Dies rächt sich vielleicht in der Umsetzung, dass er für die einzelnen Projekte zu wenig Zeit hat.

**Nik sagt von sich, Menschen «empowern» zu wollen. Gelingt ihm das Deiner Meinung nach? Wie macht er das?**
Ja, Nik verbindet. Er hat einen guten Verstand und gibt Energie.

**Erkennst Du im unternehmerischen oder politischen Handeln von Nik Leitideen, Konstanten, Grundmuster? Welche?**
Nik engagiert sich. Er ist ein Vernetzer und kann es mit den meisten Menschen gut. Nik gibt nicht so schnell auf, tanzt aber vielleicht manchmal auf zu vielen Hochzeiten.

**Wie siehst oder erlebst Du das Engagement von Nik für Indien?**
Es ist super, wie Nik sich für Indien engagiert. Aus Wählersicht ist es aber auch wichtig zu sehen, dass nicht Indien, sondern Winterthur bzw. der Kanton Zürich für ihn an erster Stelle steht. Dies könnte auch eine Gefahr sein.

**Nik wurde 2021 in einer Studie der CH Media als wichtigster «Brückenbauer» im Bundeshaus bezeichnet. Hast Du ihn auch schon als «Brückenbauer» erlebt (wann, wo, wie)?**
Nik hat eine klare Meinung, er ist aber fähig, dazuzulernen und seine Urteile zu differenzieren. Dies macht ihn zu einem guten Ansprechpartner und zu einem Vernetzter von Menschen und Meinungen.

**Eine Stärke von Nik, so sagen viele, sei es, die verschiedensten Leute für eine Sache gewinnen und vernetzen zu können. Wie schafft er das?**
Vielleicht hilft ihm da sein Enthusiasmus und der gemütliche Berner Dialekt sowie sein Glaube.

**Welche Bedeutung hat Nik in Deinen Augen als Politiker?**
Er hat es geschafft, sich innerhalb kurzer Zeit in Bern einen Namen zu machen. Dies erreichen nur wenig.

**Welche Bedeutung hat Nik in Deinen Augen als Unternehmer?**
Nik ist ein Macher. Er hat jedoch – mit Einschränkungen – zu wenig Zeit und Geduld, daneben Unternehmer zu sein und alles auf ein «Ross» zu setzen. Deshalb ist er wohl ein besserer Politiker, Vernetzer, Berater, Coach und Verwaltungsrat als Unternehmer.

**Was wolltest Du zu Nik noch sagen?**
Ich wünsche Ihm alles Glück auf Erden mit bester Gesundheit.

---

**Dieter Bachmann:** Mit 20 Jahren gründete Dieter Bachmann seine erste Firma, die durch einen Zusammenschluss zu einer der grössten Internetfirmen der Schweiz wurde. Nach dem Verkauf wechselte er zu Ernst & Young in Zürich als Leiter EC-Diagnostic (E-Business). Er gründete mehrere Start-ups und absolvierte ein Doktoratsprogramm (nicht beendet). Bachmann war vier Jahre als Geschäftsführer und Leiter Wirtschaftsförderung der Standortförderung Region Winterthur tätig. In dieser Zeit lernte er Nik Gugger kennen. Im Alter von 36 Jahren übernahm der Unternehmer die Gottlieber Spezialitäten AG (Gottlieber Hüppen) als CEO und VRP.

# Daniel Jositsch, wer ist Nik?

**Wie und warum ist Ihnen Nik aufgefallen?**
Nik ist eine ausserordentliche, freundschaftliche und fröhliche Person, die man sofort ins Herz schliesst. Erstmals begegnet sind wir uns im Wahlkampf 2007. Weiter verbindet uns die Liebe zu Kolumbien, da wir beide 1992 in Bogotá gearbeitet haben. Er mit Strassenkindern, ich als Leiter der Handelskammer Schweiz-Kolumbien.

**Wer ist Nik für Sie?**
Einfach nur ein bester Freund und Weggefährte.

**Welche Eigenschaften werden Nik Ihrer Meinung nach zugeschrieben?**
Nik ist sehr intelligent, sehr schlau, sehr redegewandt, aber auch eine sehr offenherzige und direkte Person.

**Was sind Niks Schwächen, was nervt?**
Er ist sehr beharrlich in der Sache, somit kann er auch mal nerven.

**Nik sagt von sich, Menschen «empowern» zu wollen. Gelingt ihm das Ihrer Meinung nach? Wie macht er das?**
Wie er es anstellt, ist auch mir immer wieder ein Rätsel, aber er macht es und dazu auch noch sehr wirkungsvoll. Es gelingt ihm auch bei mir definitiv.

**Erkennen Sie im unternehmerischen oder politischen Handeln von Nik Leitideen, Konstanten, Grundmuster? Welche?**
Ich glaube, Nik ist von einem Grundglauben getragen. Ich halte ihn für eine tiefreligiöse Persönlichkeit, die sich auch in der Politik und in seinem Unternehmertum von seinem Glauben leiten lässt.

**Wie sehen oder erleben Sie das Engagement von Nik für Indien?**
Indien war für die Parlamentarierinnen und Parlamentarier vor seiner Zeit faktisch nicht existent im Bundeshaus. Eine seine ersten Taten im Bundeshaus war, eine parlamentarische Freundschaftsgruppe für Indien zu lancieren. Als Vizepräsident dieser Schweiz-Indien-Parlamentsgruppe kann ich sagen, ist sie eine der aktivsten und erfolgreich, weil Nik sich unermüdlich auf allen Ebenen einsetzt. Weiter engagiert er sich auch auf allen möglichen Kanälen für die Kalinga Universität in Odisha wie auch für ein mögliches Free Trade Agreement Schweiz-Indien.

**Nik wurde von einer Zeitung als wichtigster «Brückenbauer» im Bundeshaus bezeichnet. Haben Sie ihn auch schon in dieser Funktion erlebt (wann, wo, wie)?**
Nik ist für mich die Personifizierung eines Brückenbauers. Er ist immer mit allen Parteien im Gespräch und ist sehr erfolgreich darin, Mehrheiten zu schaffen. Dies hat im Wesentlichen damit zu tun, dass er eine ehrliche, sehr engagierte und aufrichtige Person ist.

**Eine Stärke von Nik, so sagen viele, sei es, verschiedenste Leute für eine Sache miteinander vernetzen zu können. Wie schafft er das?**
Dies ist mir bis heute ein Rätsel. Aber die Menschen vernetzen, kann er tatsächlich wie kein zweiter. Fazit: Man muss Nik einfach ins Herz schliessen.

**Welche Bedeutung hat Nik in Ihren Augen als Politiker?**
Er ist eine wesentliche Person, insbesondere in der aussenpolitischen Kommission.
In dieser Funktion bestimmt er einen wesentlichen Teil unserer Aussenpolitik.

## Was wollten Sie zu Nik noch sagen?

Ich habe Nik einfach mega gern. Zusätzlich hat er mir «faktisch» das Leben gerettet, als ich von der kolumbianischen Aussenministerin zu einem Treffen eingeladen wurde. Er gab mir selbstlos seine violette Krawatte. Muchas gracias hombre.

**Daniel Jositsch,** 1965, ist seit 2015 Ständerat für den Kanton Zürich. Im Jahr 2004 habilitierte er sich an der Universität Zürich und wurde im gleichen Jahr Professor für Strafrecht und Strafprozessrecht an dieser Universität. Im Frühjahr 2007, während des Wahlkampfs für den Züricher Kantonsrat, lernte er Nik kennen. Als gewählter Kantonsrat trat Jositsch bereits im Herbst 2007 zurück, da er für die SP in den Nationalrat gewählt worden war.

# Unternehmer

*«Eigentlich müsste ich ein Burnout haben.»*

# Herzblut und Herzschmerz – reformierte Fabrikkirche

Vielleicht bisher die prägendste berufliche Erfahrung machte Nik als Gesamtleiter der reformierten Fabrikkirche Winterthur. Er leitete dieses innovative evangelisch-reformierte Kirchenmodell in einer 1876 erbauten Halle auf dem ehemaligen Sulzer Areal von 2003 bis 2018. Finanziert war die reformierte «Jugendkirche» von der evangelisch-reformierten Kirche des Kantons Zürich und dem reformierten Stadtverband Winterthur.
Im Reglement zum Betrieb der reformierten Fabrikkirche wurden drei Leistungsbereiche definiert: Diakonie, Seelsorge und Verkündigung in der Stadt Winterthur. Etwas konkreter verstand man darunter eine Kirche «für junge Menschen, für Menschen auf der Suche, für ‹Vorübergehende› im Sinne einer ‹Kirche am Weg› für Hilfesuchende».

### Spirit des «Neuen»

Die Erfüllung und die Rahmenbedingungen dieser Aufgaben wurden in einer formellen «Leistungsvereinbarung» festgehalten. Die reformierte Fabrikkirche musste ihren Auftrag selbstverständlich innerhalb der weltlichen und landeskirchlichen Gesetzgebung erfüllen. Hinzu kamen vier programmatische Grundsätze, an die es sich zu halten galt:

*Vielleicht bisher die prägendste berufliche Erfahrung machte Nik als Gesamtleiter der reformierten Fabrikkirche Winterthur.*

**evangelisch-reformiert**
«Die Fabrikkirche ist ein Ort gelebten Christentums». Dort sollen junge Menschen «beraterische, seelsorgerliche und arbeitsintegrative Unterstützung» erfahren.

**zeitgemäss**
Die Fabrikkirche hat sich mit ihren Angeboten und Aktivitäten an «aktuellen Bedürfnissen und Impulsen sozialer und christlich-spiritueller Natur» zu orientieren. Wenn «ältere und jüngere Menschen sich existenziellen Sinnfragen gegenübersehen», sieht sie sich als «verlässlichen Partner und bietet Hand für konkrete Hilfestellungen».

**innovativ**
Die Fabrikkirche «wagt bewusst Neues». Der Spirit des Neuen sollte umfassend sein und sowohl in «gottesdienstlichen, sozialdiakonischen» Aspekten als auch in «strukturell-organisatorischer und ökonomischer Hinsicht» verwirklicht werden. Dabei ist man «gleichzeitig der reformierten Tradition wie auch der Zukunft verpflichtet».

**lokal verankert**
Als Teil des institutionellen reformierten Stadtverbands Winterthur hatte sich die reformierte Fabrikkirche auch in der lokalen Gesellschaft zu «verankern» und gut zu «vernetzen».

Über die Erreichung dieser Ziele innerhalb des Globalbudgets war ein Reporting zu liefern. Bis Ende April war ein Jahresbericht mit «qualitativen und quantitativen Angaben zur Leistungserfüllung» für den Verbandsvorstand und die Zentralkirchenpflege zu erstellen.

## Gastronomie und Theologie

Das Team der reformierten Fabrikkirche umfasste 2014 elf Mitarbeitende mit Pensen zwischen 10 und 100 Prozent (total: 520 Prozent) in verschiedensten Funktionen: Gesamtleitung (Nik), Pfarrerin, Büro- und Gastroleiterin, Musiker, Techniker, Sozialdiakonie, Sigrist und Praktikant. Die Kirche bot ein Nebeneinander von Gastronomie, Diakonie, Event und Theologie. «Es war die Kirche, in der man zum Mittagessen geht», wie Nik in einem «ausserordentlichen Reporting» z. H. des Vorstands im August 2014 berichtete (Mittagsbistro/140 Essen, Bankette, Bar). Die Kirche und ihre Dienstleistungen funktionierten: geschützte Arbeitsplätze, Büroservices, Eventraum (Firmenanlässe, Kongresse, Konferenzen, Konzerte, Filme, Partys etc.), Sitzungs- und Schulungsräume. Dennoch sollte das Konzept grundsätzlich überprüft werden. Die Gründe waren vielfältig: Der Standort und das Angebot wurden hinterfragt, der Mietvertrag lief in zwei Jahren aus, der neue Vermieter (Implenia) hob die Nebenkosten an und das Dach der Halle war undicht.

## Aus statt Aufbruch

Frühzeitig (2013) hatte Nik eine Machbarkeitsstudie, basierend auf seinen Projektideen, zum Umbau der reformierten Fabrikkirche (Halle 1003) in Auftrag gegeben. Implenia Immobilien entwickelte mit Nik ein Projekt, welches Kosten von rund CHF 3,95 Millionen an einem neuen Standort auf dem Sulzerareal auswies. Das Projekt umfasste auf zwei Geschossen ein Fabrikbistro mit leistungsstarker Küche, eine Leuchtturmbar, einen Saal, Büros sowie Keller/Lager.

> *«Es war die Kirche, in der man zum Mittagessen geht.»*

Die reformierte Fabrikkirche musste 2016 ihre Tore auf dem Sulzerareal schliessen. Die Diskussionen um den Neustart der reformierten Fabrikkirche – überlagert von allerlei weiteren kirchlichen Strukturfragen und -konflikten –, zogen sich hin. Es kam zu einem Zerwürfnis zwischen der evangelisch-reformierten Zentralkirchenpflege und dem Vorstand der reformierten Fabrikkirche, die zur einseitigen Kündigung des Leistungsvertrages führte. Nik quittierte den Dienst und trat 2018 zurück – und mit ihm der halbe Vorstand. Per Inserat suchte man eine neue «Kirchenvisonärin bzw. -visionär». Man fand eine Nachfolgerin für Nik. Leider musste das Angebot dann nach zwei Jahren eingestellt werden.

Unternehmer

# Christoph Lang, wer ist Nik?

**Wie und warum ist Dir Nik aufgefallen?**
Erstmals begegnet sind wir uns vor rund 20 Jahren in Rickenbach. Nik war in einem Projekt für die Schule in Rickenbach tätig. Danach vor allem in der reformierten Fabrikkirche in Winterthur.

**Wer ist Nik für Dich?**
Aus der reformierten Fabrikkirche und dann aus der Zusammenarbeit im Verwaltungsrat der Mietauto AG hat sich eine persönliche und tiefe Freundschaft ergeben. Nik hat immer eine Idee und Lösungen auch in schwierigen und komplexen Situationen. Er steht stets allen Menschen zur Verfügung, ob arm oder reich.

**Welche Eigenschaften werden Nik Deiner Meinung nach zugeschrieben?**
Sehr kreativ, eine Person, die laufend neue Ideen hat. Er ist ein Brückenbauer zwischen Menschen und politischen Parteien. Er ist umsetzungsstark, sozial denkend, anpackend, unternehmerisch initiativ, sehr belastbar und der Netzwerker der Nation.

**Was sind Niks Schwächen, was nervt?**
Seine Rastlosigkeit, allen Menschen helfen zu wollen, seine grosse Vielseitigkeit, sein Netzwerken bringt ihn ab und zu an seine Grenzen. Ab und zu etwas nervig ist, dass Nik oft nicht erreichbar ist. Insbesondere, seit er das Nationalrats- und Europaratsmandat ausübt.

**Nik sagt von sich, Menschen «empowern» zu wollen.
Gelingt ihm das Deiner Meinung nach? Wie macht er das?**
Durch sein positives Denken und seine sehr soziale Art, immer auch das Gute im Menschen zu sehen, Menschen in allen Lebenslagen zu motivieren, sowie mit seiner sehr feinen psychologischen Art gelingt das Nik sehr gut. Ich kenne nur sehr wenige Menschen wie ihn, die diese Fähigkeiten haben.

**Erkennst Du im unternehmerischen oder politischen Handeln von Nik Leitideen, Konstanten, Grundmuster? Welche?**
Obwohl Nik viel im kirchlichen Bereich und mit Menschen, die nicht auf der Sonnenseite des Lebens stehen, gearbeitet hat, ist das Unternehmertum für ihn sehr wichtig. Es widerspiegelt sich in seinem Denken und Handeln. Das hilft ihm sowohl in der Wirtschaft als auch in der Politik. Das zeigt sich auch darin, dass er im Nationalrat als Brückenbauer des Parlaments bezeichnet wird. Besonders gefällt mir an Nik, wie er auch in schwierigen Situationen stets ein sehr fairer Verhandlungspartner in Wirtschaft und Politik ist.

**Wie sieht oder erlebst Du das Engagement von Nik für Indien?**
Nik liebt seine Ursprungsheimat Indien. Dies hilft ihm heute, politische wie wirtschaftliche Kontakte mit Indien zu pflegen. Sei es mit dem Staatspräsidenten, sei es mit bekannten Grossunternehmern. Nik hat keine Berührungsängste. Stolz ist seine Familie, besonders sein Vater, der sich sehr darüber freut, dass Nik einen Ehrendoktortitel einer indischen Universität erhalten hat.

*Er ist ein Brückenbauer zwischen
Menschen und politischen Parteien.*

**Nik wurde in einer Studie der CH Media 2021 als wichtigster «Brückenbauer» im Bundeshaus bezeichnet. Hast Du ihn auch schon in dieser Funktion erlebt (wann, wo, wie)?**
Nik hat das Glück, dass die EVP eine Partei ist, die zwischen Rechts und Links vermitteln kann. Das zeigt sich insbesondere darin, dass Nik sowohl ein Unternehmens- als auch ein Sozialpolitiker ist.

**Eine Stärke von Nik, so sagen viele, sei es, verschiedenste Leute für eine Sache miteinander vernetzen zu können. Wie schafft er das?**
Seine Offenheit und Begeisterung ist eine Riesenstärke von Nik, nach seinem Motto «man muss Menschen mögen». Für mich ist Nik einer der wichtigsten Netzwerker der Schweiz in Politik, Wirtschaft und sozialen Fragen. Ich habe den Eindruck, dass er bei 99 Prozent der Menschen eine offene Türe und Unterstützung findet. Nik ist ein Mensch, der immer handelt und sich engagiert.

**Welche Bedeutung hat Nik in Deinen Augen als Politiker?**
Nik ist ein unabhängiger Politiker, der Lösungen erarbeitet und anbieten kann, was vielen seiner Kolleginnen und Kollegen nicht möglich ist. So ist Nik zum Brückenbauer in unserem Parlament geworden.

*Für mich ist Nik einer der wichtigsten Netzwerker der Schweiz in Politik, Wirtschaft und sozialen Fragen.*

**Was wolltest Du zu Nik noch sagen?**
Dass er noch sehr lange seine einzigartige Energie zum Wohl aller Menschen in der Schweiz und Indien einsetzen kann, das wünsche ich ihm. Ganz wichtig ist jedoch, dass Nik bei seinem riesigen politischen und unternehmerischen Engagement noch Zeit für seine Familie, seine Frau, seine drei Kinder und seine Freunde findet.

---

**Christoph Lang, lic. iur.,** Revisor, MBA, ist seit 2011 Geschäftsführer der Flughafenregion Zürich FRZ und des Vereins Airport City Zurich. Er sitzt im Verwaltungsrat der Mietauto AG und ist Präsident der Adur-Werbung AG sowie der Treuconsult 44 AG. Der Inhaber der Einzelfirma Wirtschafts- und Rechtsberatung Lang war in jungen Jahren begeisterter Lokalradio-Mitarbeiter (Radio Aktuell, Radio Wil). Unter anderem als Gründer der Swiss School for International Business (2004), Geschäftsführer der Standortförderung Winterthur, Geschäftsleitungsmitglied und Generalsekretär von Switzerland Global Enterprise, Gründer und Geschäftsführer Handelskammer Schweiz – Slowenien oder Direktor des Europäischen Instituts für Aussenhandel engagierte er sich in vielfältiger Weise für die wirtschaftliche Entwicklung der Schweiz.

Unternehmer

# Christa Markwalder, wer ist Nik?

**Wer ist Nik für Dich?**
Ein erfrischender, unkomplizierter und zupackender Kollege im Nationalrat.

**Welche Eigenschaften werden Nik Deiner Meinung nach zugeschrieben?**
Gutmütig, bodenständig, innovativ und voller Tatendrang.

**Nik sagt von sich, Menschen «empowern» zu wollen. Gelingt ihm das Deiner Meinung nach? Wie macht er das?**
Ja, mit seinem Hintergrund, seiner Lebenserfahrung und seiner Energie.

**Wie siehst oder erlebst Du das Engagement von Nik für Indien?**
Niemand anderes als Nik hat Indien mehr ins Bewusstsein von Bundesbern gerufen in den letzten Jahren. Sei es mit der Gründung der parlamentarischen Freundschaftsgruppe oder dem Empfang indischer Frauen, inklusive Ministerin in Bern.

**Nik wurde 2021 in einer Studie der CH Media als wichtigster «Brückenbauer» im Bundeshaus bezeichnet. Hast Du ihn auch schon als «Brückenbauer» erlebt (wann, wo, wie)?**
Nik versteht es, seine Anliegen hartnäckig zu verfolgen und parlamentarische Vorstösse breit unterstützen zu lassen.

**Eine Stärke von Nik, so sagen viele, sei es, die verschiedensten Leute für eine Sache gewinnen und vernetzen zu können. Wie schafft er das?**
Er hat eine gewinnende menschliche Art und ist frei von ideologischen Scheuklappen. Das hilft!

**Welche Bedeutung hat Nik in Deinen Augen als Politiker?**
Sein anfänglich eher schüchternes Auftreten im Bundeshaus hat er inzwischen abgelegt und engagiert sich selbstbewusst für seine Anliegen und Projekte.

**Welche Bedeutung hat Nik in Deinen Augen als Unternehmer?**
Dass er seine Ginger-Getränke nicht nur in der Galerie des Alpes im Bundeshaus verkaufen lässt, sondern dass sie auch in den Regalen der Grossverteiler angeboten werden, verrät vieles über das unternehmerische Talent von Nik.

**Was wolltest Du zu Nik noch sagen?**
Ich schätze die Zusammenarbeit mit Nik im Bundeshaus sehr; insbesondere nach dem russischen Angriff auf die Ukraine hat er sehr schnell und pragmatisch Hilfe organisiert und ist inzwischen auch Co-Präsident unserer parlamentarischen Freundschaftsgruppe. Das schätze ich sehr!

---

**Christa Markwalder,** 1975, ist Nationalrätin für die FDP aus dem Kanton Bern. Die Juristin ist seit 2003 Mitglied der grossen Kammer. Sie war Gründungspräsidentin der parlamentarischen Gruppe Schweiz – Ukraine und übt heute gemeinsam mit Nik das Co-Präsidium aus.

# Beratung und Business

Den Versuch zu unternehmen, zu formulieren, was den Unternehmer Nik ausmacht, ist zwecklos. Das gestehen sich selbst Journalisten ein. So Ariane Gigon in «La Liberté» im Artikel «Un député ‹pas comme les autres›» (09.05.2022). Üblicherweise frage man Leute, was sie tun würden. Bei Nik sei es angemessener, zu fragen, was er nicht mache. Oder Michael Graf im Winterhurer Landboten (18.03.2021), immerhin die Zeitung von Niks Wohnort: «Nik Gugger in wenigen Worten zu beschreiben, schafft niemand, am wenigsten er selbst.» Der Journalist nennt dann – neben der politischen Haupttätigkeit in Nationalrat – weitere lebensbestimmende Aktivitäten: gewählter, aber überzähliger Stadtrat (Exekutive), Mitgründer reformierte Fabrikkirche, Restaurant-Inhaber, Unternehmensberater. Beizufügen sind die professionelle Unterstützung des indischen Kalinga-Instituts der Universität in Odisha (Global Ambassador, inkl. Ehrendoktor) oder die Leidenschaft zur Kreation neuer Getränke.

## «Zingi» und «Ginger» – die Getränkeleidenschaft

Besonders stolz ist der Geniesser Nik auf seine beiden selbst kreierten Getränke, das Ingwer-Süssgetränk «Zingi» und den Ginger-Wein. Zingi ist ein ayurvedisches Ingwer-Getränk, das sich aus Apfelsaft (16 Prozent), Ingwersaft (11 Prozent), Rohrzucker und Zitronensaft zusammensetzt. Ayurveda ist eine traditionelle indische Heilkunst. Das helvetisch-indische Getränk wird bei Ramseier in Sursee abgefüllt. Das ist kein Zufall. Die grösste Obstsaftproduzentin der Schweiz liefert die Hauptzutat des Durstlöschers, Energiespenders und Politgetränks.

Angeboten wird Zingi u. a. im Parlamentarier-Restaurant «Galerie des Alpes» im Bundeshaus, im Gasthof zum Schlüssel von Mitte-Nationalrätin Christine Bulliard-Marbach im freiburgischen Ueberstorf, bei der Migros oder bei Galaxus. Der Winterthurer Landbote (18.03.2021) titelte dazu: «Nik Gugger erfrischt das Bundeshaus». Zudem wurde vermeldet, im Nationalrat griffen «auch politische Gegner zum Zingi». Eine Sozialdemokratin meinte sogar, «Zingi hat sich zu DEM parteiübergreifenden Getränk gemausert».

Parat für die Markteinführung in der Schweiz ist auch der Ginger-Wein aus Moldawien. Der weisse Wein entsteht aus einer alten Feteasca-Traube. Sie wird vornehmlich in Moldawien, Rumänien und der Ukraine angebaut. Entdeckt hat er die Traube bei einer Wahlbeobachtung am 14. Juli 2021 in Moldawien. Ein Land, das kaum jemand ausser Tim und Struppi im Comic-Buch zu ihrer Entdeckungsreise in Moldawien kennt. Bereits anfangs August kehrte Nik nach Moldawien zum entdeckten Weinberg zurück. Gemeinsam mit einem Koch und einem Önologen kreierte er innerhalb von fünf Tagen den Ingwer-Wein. Vor Ort, bei Vetropack Moldawien, fand er eine exklusive, gedrehte Flasche, in die sein Ginger-Wein abgefüllt wird. Welche eigenen unternehmerischen Aktivitäten hat der vielinteressierte und engagierte Nik unternommen? Ein Überblick zu seinen eigenen Firmen und seinen wirtschaftlichen Mandaten:

- «Hallo Zukunft»: mit dieser Einzelfirma (gegründet 2008) mit einem Beratungsangebot für «Zukunftsentwicklung» von Unternehmen und Organisationen startete Nik seine unternehmerische Selbstständigkeit.
- Im gleichen Jahr (2008) erfolgte auch die Gründung der «Herzkraftwerk AG». Sie bietet Coaching und Beratungen für Unternehmen. Nik ist Vizepräsident des Verwaltungsrates und Miteigentümer.

Der Unternehmer Nik brachte zwei selbst entwickelte Ingwer-Getränke auf den Schweizer Markt: Zingi (2017) und Ginger Wine (2021).

*Alle, die Nik in einem Beratungsgespräch erlebten, wurden (und werden) Zeuge eines Ideen-Feuerwerks.*

- Die «ConCordis GmbH» gehört zu 100 Prozent Nik und wurde von ihm 2014 gegründet. Der Firmenzweck sind Beratungen, der Betrieb von Gastrounternehmen sowie der Handel mit Liegenschaften.
- Die jüngste Firmengründung war 2021 die «Prefero AG», die zur Hälfte Nik gehört. Es handelt sich um ein Bauunternehmen. Zudem sind auch der Kauf und Verkauf von Immobilien eine wesentliche Aktivität des Unternehmens.

## Die Beratungsleidenschaft

Alle, die Nik in einem Beratungsgespräch erlebten, wurden (und werden) Zeuge eines Ideen-Feuerwerks. Er spricht von «Thinking outside of the box». Bevor es aus ihm heraussprüht, hört er aufmerksam zu – allerdings nicht zu lange. Die Sache, die Problematik muss beim ihm zügig auf den Punkt gebracht werden. Gelingt dies nicht, so holt er sich vom Gesprächspartner mit gezielten Fragen, was ihm noch fehlt.

Unternehmen zu beraten, ist Niks Leidenschaft. Einen Beratungsauftrag gehe er «furchtlos, unverzagt, aber respektvoll» an. Bei Lösungen geht es ihm um Fairness und Balance, denn er «hasse Konflikte». Das bestätigen Gesprächspartner. Die sagen, «mit ihm kann man reden», und zwar über alles, «von der Atombombe bis zum Zündhölzli».
Welche Beratungsmethode, welches Modell wendet Nik an? Welches Modell bevorzugt er? Auch in diesem Feld hat er eine einfache Formel: «Love it, change it or leave it.» Und zwar in dieser Reihenfolge. Nur wer für eine Sache brenne, sie liebe, sei bereit und in der Lage, diese den sich wandelnden Herausforderungen anzupassen und weiterzuentwickeln. Gelinge dies

nicht, so müsse man ehrlicherweise das Handtuch werfen, eine Sache aufgeben. Halbe Sachen sind nichts für Nik.

Schliesslich gibt es noch ein Instrument, vielleicht könnte man sogar sagen eine Institution, der Nik vertraut. Seit 20 Jahren fragt er dort um Rat nach: in seinem kleinen Rat weiser Frauen und Männer – dem «wise woman- und wise men-Rat». Die Zusammensetzung der Weisen wechselt je nach Aufgabestellung, ist informell organisiert und in all seinen Dimensionen geheim.

*Halbe Sachen sind nichts für Nik.*

# Marco Ryser, wer ist Nik?

**Wie und warum ist Ihnen Nik aufgefallen?**
Wer schnell denkt, das mit unbändigem Tatendrang kombiniert, fällt auf. Aber Nik hält sich dazu noch hartnäckig am Guten in den Menschen, die ihm begegnen.

**Wer ist Nik für Sie?**
Ein langjähriger Weggefährte und guter Freund.

**Welche Eigenschaften werden Nik Ihrer Meinung nach zugeschrieben?**
Zugeschrieben werden ihm Attribute wie Tausendsassa, Netzwerker und «Rainmaker» – im positivsten Sinn. Persönlich erlebe ich Nik auch als empathischen Menschen mit Tiefgang und unerschütterlichen Werten – privat wie geschäftlich.

**Was sind Niks Schwächen, was nervt?**
Mit seinen Gedanken ist er meistens drei Schritte voraus, brütet über 20 Projekten gleichzeitig oder «muss nur noch schnell die Welt retten». Die Aufmerksamkeitsspanne für das Hier und Jetzt verkürzt sich mit jedem Ball, den er zusätzlich jongliert.

**Nik sagt von sich, Menschen «empowern» zu wollen. Gelingt ihm das Ihrer Meinung nach? Wie macht er das?**
Nik sieht in jeder Begegnung Potenzial. Seine wertschätzende Art erlaubt es, den Menschen in diesen Begegnungen, ihr Potenzial zu erkennen und zu nutzen.

**Erkennen Sie im unternehmerischen oder politischen Handeln von Nik Leitideen, Konstanten, Grundmuster? Welche?**
«Teilen macht ganz», das höre ich von Nik, seit wir uns kennen. Mittlerweile kann ich empirisch belegen, dass diese Aussage – jedenfalls in Bezug auf Nik und sein Handeln – stimmt.

**Wie sehen oder erleben Sie das Engagement von Nik für Indien?**
Aufrichtig und im Einklang mit seinen Werten.

**Nik wurde in einer Studie der CH Media 2021 als wichtigster «Brückenbauer» im Bundeshaus bezeichnet. Haben Sie ihn auch schon in dieser Funktion erlebt (wann, wo, wie)?**
Ja, andauernd.

**Eine Stärke von Nik, so sagen viele, sei es, verschiedenste Leute für eine Sache miteinander vernetzen zu können. Wie schafft er das?**
Das funktioniert meines Erachtens darum so gut, weil er nicht seinen eigenen Profit im Fokus hat, sondern das Wohlergehen des Kollektivs fördert – in der Sache und zwischenmenschlich.

**Welche Bedeutung hat Nik in Ihren Augen als Politiker?**
Nik findet in der Politik Allianzen, Mittel und Wege, mit denen er in Herzensangelegenheiten mehr bewegen kann, als dies als privater Unternehmer möglich wäre.

**Welche Bedeutung hat Nik in Ihren Augen als Unternehmer?**
Durch sein (Sozial-)Unternehmertum bleibt er in direktem Kontakt mit den Menschen, die er «empowern» will. Dort ist er zu Hause, dort findet er Inspiration für sein politisches Handeln.

**Was wollten Sie zu Nik noch sagen?**
Ihm für all die Jahre des Austauschs, des Vertrauens und des Weiterkommens zu danken, ist mir ein echtes Anliegen.

---

**Marco Ryser,** Designer FH, Inhaber vitamin© GmbH; an einem kalt-nassen Novemberabend 2008 begegneten wir uns zum ersten Mal: Ausserparteiliche Strategiesitzung zur Politkampagne für die Stadtratswahlen 2010. Als Fachmann für Identität und Digitales wurde ich zu meiner Sicht der Dinge befragt. Nik nahm den Ball auf und spielte ihn gleich zurück. Zwölf Jahre später spielen wir uns die Bälle zu allen möglichen Projekten noch immer zu und leisten uns kaum Fehlpässe.

# Lilian Studer, wer ist Nik?

**Wie und warum ist Dir Nik aufgefallen?**
Als Nationalrats- und Parteikollege kommt man nicht um ihn herum. Und wenn man mit ihm zusammenarbeitet, dann fällt Nik sofort durch seine Art und Persönlichkeit auf. Es ist immer eine Bereicherung, sich mit ihm auszutauschen.

**Wer ist Nik für Dich?**
Wie ein Bruder, aber auch ein Mitstreiter.

**Welche Eigenschaften werden Nik Deiner Meinung nach zugeschrieben?**
Warmherzig, freundschaftlich, aufmerksam, innovativ, umsetzungsfreudig, beschenkt, positiv, ausdauernd und vieles mehr.

**Was sind Niks Schwächen, was nervt?**
Trotz der intensiven Zusammenarbeit habe ich mich höchstens einmal über Nik genervt. Manchmal hat er vielleicht einen spannenden Gedanken oder eine spannende Idee, aber diese «auf den Boden zu bringen» ist nicht so einfach.

**Nik sagt von sich, Menschen «empowern» zu wollen. Gelingt ihm das Deiner Meinung nach? Wie macht er das?**
Er nimmt sich sehr viel Zeit für Menschen. Nur schon in seine persönlichen Mitarbeitenden hat er sehr viel Zeit investiert. Ich nehme an, dies prägt ihr Leben. Er möchte genau wissen, wie es einem geht, was man denkt. Und er hat immer gute Inputs auf Lager.

**Erkennst Du im unternehmerischen oder politischen Handeln von Nik Leitideen, Konstanten, Grundmuster? Welche?**
Schlussendlich ist ihm das Wohl unserer Gesellschaft nicht egal.

**Wie siehst oder erlebst Du das Engagement von Nik für Indien?**
Es ist eine Leidenschaft, die naheliegend ist. Er kann auf verschiedenen Ebenen etwas für das Land Indien tun und auch etwas bewirken für eine verbesserte Zusammenarbeit zwischen der Schweiz und Indien.

**Nik wurde 2021 in einer Studie der CH Media als wichtigster «Brückenbauer» im Bundeshaus bezeichnet. Hast Du ihn auch schon als «Brückenbauer» erlebt (wann, wo, wie)?**
Er kommt mit allen ins Gespräch. Bei Vorstössen bleibt er am Ball. Er führt sehr viele Gespräche, um verschiedenste Parlamentarierinnen und Parlamentarier zu überzeugen. Er muss sich auch nicht ins Zentrum rücken, wenn es der Sache dient.

**Eine Stärke von Nik, so sagen viele, sei es, die verschiedensten Leute für eine Sache gewinnen und vernetzen zu können. Wie schafft er das?**
Er hat sicher eine Gabe, die richtigen Leute zu kennen oder kennenzulernen. Aber er hat auch viele Fähigkeiten, hat vieles erlebt und gemacht. Darum ist es auch spannend, mit ihm ins Gespräch zu kommen. Er geht auf Menschen zu und interessiert sich für sie.

**Welche Bedeutung hat Nik in Deinen Augen als Politiker?**
Er kommt mit allen ins Gespräch. Er kann sich überzeugen lassen, hat aber auch klar seine Meinung, für die er kämpft. Und er kann überzeugen.

**Welche Bedeutung hat Nik in Deinen Augen als Unternehmer?**
Ich kenne ihn als Unternehmer zu wenig. Ich sehe einfach, wie er Unternehmen fördert, seine Expertise diversen Firmen gibt und sicher eine unternehmerische Denkart hat.

**Was wolltest Du zu Nik noch sagen?**
Bleib so, wie du bist! Danke für deine Freundschaft und Mitarbeit, ich schätze dich sehr.

---

**Lilian Studer:** In der Politik habe ich gerade mein 20-jähriges «Jubiläum» gefeiert. Zwischen 2002 und 2019 war ich im Grossen Rat des Kantons Aargau tätig, ab 2011 auch als Fraktionspräsidentin. 2019 wurde ich in den Nationalrat gewählt und im Juni 2021 übernahm ich das Präsidium der EVP Schweiz. Bis vor einem Jahr war ich Geschäftsführerin beim Blauen Kreuz Aargau/Luzern. Mein Erststudium war Lehrerin für Textiles Werken. Diverse Auslandaufenthalte haben mich geprägt, ganz besonders auch mein zweites Heimatland Norwegen.

# Politik

*«Ich träume nie davon, Bundesrat oder Ständerat zu werden.»*

# Gewissheiten für die Politik

«Es ist meine tiefste Gewissheit, dass ich ein befreiter Christ bin. Für mich bedeutet das, ohne Joch zu glauben.» Das Freie, das Unbeschwerte, das Unabhängige ist Nik wichtig. Er fühlt sich keinem missionarischen Auftrag verpflichtet; mag auch nicht von irgendwelchen (polit-)missionarischen Gurus vereinnahmt werden. Nach einer kurzen Pause fügt Nik an: «Und ich bin ein Indianer.» Erstaunen. Wie er dazu komme? Ob es mit seiner Herkunft aus Indien zusammenhänge?

## Indianer und befreiter Christ

Er erklärt: Als befreiter, freier Christ könne er seine eigene Spiritualität leben. Dazu gehöre für ihn in gewissem Sinne auch eine vielfältige Intelligenz, die sich aus kognitiven, sozialen, empathischen und spirituellen Faktoren zusammensetze.
Er erklärt weiter: Der 2017 verstorbene Soziologe Dr. René Riesen, bei dem Nik während drei Jahren Soziologievorlesungen besuchte, habe ihn tief beeindruckt. Immer wieder habe Riesen die Teilnehmenden gefragt: «Mit wem identifiziert ihr euch?». Die spontane Antwort von Nik war: «Ich habe mich immer mit Indianern in Amerika identifiziert.» Nicht mit Indern. Die Indianer waren gegen die Siedler die Schwächeren. Sie mussten gegen Feuerwasser und Feuerpferd (Eisenbahn) kämpfen. «Das hat mich – seit meiner Kindheit bis heute – immer beeindruckt.»

*Ich habe mich immer mit Indianern in Amerika identifiziert.*

## Krisen und Kirchen

In letzter Zeit hat das Buch «Revolutionäres Christentum: Ein Plädoyer» (2021) von Jürgen Manemann, einem katholischen, deutschen Theologen, Nik zum Nachdenken gebracht. Der Autor fragt: «Wo sind die Christen in den aktuellen Krisen (Klima, Corona, Demokratie)?» Seine These, sie würden Gefahr laufen, bei diesen Herausforderungen zu versäumen, etwas Neues zu wagen. Manemann plädiert: «Hoffen auf Auferstehung heisst Aufstehen für eine neue Welt. Christ*innen fällt daher heute die Aufgabe zu, Teil einer ‹Revolution für das Leben› zu werden.»
Da kann Nik zustimmen und merkt an, der Kapitalismus stecke in einer Krise. Um diese zu überwinden, so meint er, könnten auch die Kirchen eine Rolle spielen. Sein Feld sieht er jedoch in der Politik, im Bundesparlament als Vertreter der Evangelischen Volkspartei der Schweiz (EVP). Hier sieht er eine besondere Herausforderung und Aufgabe, denn er ist überzeugt, dass die Schweiz künftig den Gürtel enger schnallen muss. «Die Schweiz muss bereit sein, zehn bis 20 Prozent ihres Wohlstands und Einkommens aufzugeben.»

## Gestalten ohne Macht

Die EVP ist im Bundesparlament in der laufenden Legislaturperiode (2019–2023) mit drei Sitzen vertreten. Ihre Parlamentsmitglieder haben sich der Mitte-Fraktion (vorher CVP) angeschlossen. Machtansprüche kann die Kleinpartei nicht haben; Gestaltungsansprüche allerdings hat sie. Als Kleinpartei laufe man nicht Gefahr, politisch übermütig zu werden. Bei der EVP träumt niemand davon, einmal Bundesrat oder Ständerat zu werden. Es brauche den Mut zur Lücke.

Seit Nik ihm Nationalrat sitzt, öffnen sich für ihn nicht nur Türen, vielmehr öffnet er vielen anderen Tore.

«Politisches Gestalten kann man nicht allein tun. Man muss sich vernetzen.» Gestalten, das will Nik unbedingt. Da ist er absolut unnachgiebig. So ist Nik 2021 von den CH Media-Zeitungen zum besten Brückenbauer im Bundesparlament gekürt worden. Sich und ein bestimmtes Anliegen über die Parteigrenzen hinweg zu vernetzen, das ist seine Spezialität, das ist seine grosse Begabung. So gelingt es Nik immer wieder, durch breite Vernetzung politischen Einfluss für eine erstaunliche inhaltliche Breite seiner parlamentarischen Vorstösse zu gewinnen. Er hole die Unterschriften für seine Anliegen und Ideen mit Argumenten und vor allem bei den Mitgliedern jener Fachkommissionen, die das Thema schlussendlich auch beraten werden. Er nennt seine politische Taktik «Management by Diversity».

Dass er dabei weitgehend auf sich selbst gestellt ist – aus seiner EVP kann er maximal zwei andere Unterschriften holen –, ist für ihn politischer und unternehmerischer Alltag. Er sieht sich als «Allein-Manager» seiner selbst. Er funktioniert ohne Sekretariat. «Delegieren und dirigieren», seien denn auch wesentliche Kompetenzen, um Beruf und Berufung unter einen Hut zu bekommen.

> *Sich und ein bestimmtes Anliegen über die Parteigrenzen hinweg zu vernetzen, das ist seine Spezialität, das ist seine grosse Begabung.*

Politik

Nationalratskollege und Gemeindepräsident von Uetendorf, Albert Rösti, hat Nik eingeladen, die 1. August-Rede 2022 in seiner Gemeinde zu halten.

Die «Fraktion» der EVP im Nationalrat: Marianne Streiff-Feller, Lilian Stucer, EVP-Präsidentin, rechts, und Nik.

# Marcel I. Raas, wer ist Nik?

Nik, wer ist Nik? Kaum stellte ich mir diese Frage, wusste ich nicht mehr, wer Nik ist und war. Die Frage hinterlässt eine leere Stelle in meinen Gedanken, nicht aber in meinen Erinnerungen, die mit dieser Frage aufdämmern, wach werden und klar in mein Bewusstsein treten. Nik ist wer? Ich habe mit ihm in den letzten 25 Jahren einiges erlebt. Nik ist der Mann von Beatrice, die ich beruflich in der Kinderklinik in Winterthur getroffen habe. Beatrice, die sehr aufmerksame, genau beobachtende, stets ruhige und sehr versierte Fachfrau für Gesundheit und dies für Kinder. Beatrice verfügt über ein gutes Gefühl für soziale Beziehungen. Ganz genau weiss ich es nicht mehr, was Beatrice veranlasste, mich mit Nik bekannt zu machen. Seither sind Nik und ich bekannt. Es verbindet uns so etwas wie eine Bruderschaft, sagt er. Ich hatte nie einen Bruder, Nik ebenso. Nik hätte ich gerne als Bruder. Vielleicht ist er es deshalb umso mehr.

«Brüderlichkeit» beschreibt sehr treffend das soziale Wesen von Nik. Nik könnte sich ausserdem den französischen Revolutionsidealen verpflichten, bedeuten ihm liberté und égalité viel. Nik ist gewiss kein Gleichmacher. Unterschiedliche Positionen im Inneren wie im Äusseren des Wesens und in den Beziehungen unter den Menschen sind ihm grosse Werte. Diese miteinander zu verbinden und in ausgeglichene, gegenseitige Verhältnisse zu bringen, ist ihm wichtig. Dem Ruf eines Brückenbauers wird er in diesem Sinne gerecht. Doch Nik ist nicht einfach Ingenieur, Architekt oder Handwerker und Vermittler dessen, was zum erfolgreichen Brückenbau gehört. Nik ist oft der entscheidende Impulsgeber als Reformator von stummen und eingefahrenen Vorgehensweisen. Bleibt die Brücke länger nur eine Vision, dann gibt es für Nik auch Fähren und sogar die Fahrt durch die Furt. Die Verbindung ist wichtig und dies auch im Sozialen. Klar hat uns seine ihm eigene Impulsivität tatsächlich schon zu einer Fahrt durch eine Furt in Costa Rica verleitet, obwohl daneben eine intakte Brücke stand. Solchen Eskapaden folgen die Ernüchterung, die Einordnung und die erneute Orientierung mit letztlich wiedergewonnener Konzentration auf das Ziel. Costa Rica war vor deren Pensionierung lange Zeit die Heimat seiner Eltern.

Doch wie schafft Nik diesen Brückenbau im politischen und unternehmerischen Handeln tatsächlich? Nik polarisiert durchaus mit seiner Art. Er wird sehr unterschiedlich wahrgenommen. Manchmal weht ihm deswegen ein rauer Wind entgegen, oft geprägt von Hass und Neid. Wie steckt Nik das weg? Wie bleibt er trotzdem gesund? Als Mensch mit Mängeln und in der Akzeptanz eigener Fehler zu leben und zu wirken, das kann Nik. Seine Biografie lehrte ihn das. Persönlich sehe ich in Nik ein Vorbild folgender Erkenntnis: Menschen sind es, die Menschen werden. Auf diesem Weg gibt es einiges zu bewältigen und am besten gleich zu einer Meisterschaft zu entwickeln. Niks Geschichte mit Adoption durch Schweizer Eltern in gepflegter Verbundenheit zu seiner indischen Herkunft ist die Meisterschaft seiner wunderbaren Eltern. Guggers Elternliebe für Nik war und ist bedingungslos bis heute, stets aber kritisch, konfrontativ und in entscheidenden Momenten ermutigend. Niks Neigung zum Empowerment ist vermutlich die Folge dieser «Guggerpower». Das Ermutigen von Schwachen, Gescheiterten, Verzweifelten,

> *Guggers Elternliebe für Nik war und ist bedingungslos bis heute, stets aber kritisch, konfrontativ und in entscheidenden Momenten immer ermutigend.*

Zögernden und Zauderern, das gelingt Nik, genährt von seinen Eltern und eingeübt in langer Erfahrung als Jugendsozial- und Schulsozialarbeiter.

Mit Nik habe ich seinerzeit einen interprofessionell handelnden Kollegen gefunden, der mir das wertvolle Wesen der Schulsozialarbeit beibrachte, weil er es selber vorbildhaft lebte und entwickelte. Seine soziale Arbeit ist Arbeit mit und sehr nahe an der Gesellschaft, mit den Jugendlichen und ihren Familien sowie den mit ihnen verbundenen Systemen in der Arbeitswelt und den Schulen. Dieser Brückenkopf führte Nik in die Wirtschaft, in das Unternehmertum v. a. der kleinen und mittleren Unternehmen. Es ist naheliegend, dass diese Arbeit direkt in die Politik führt, bisher nie in die Exekutive, jedoch mit Konstanz in die Parlamente. Natürlich folgten auf diese Erfolgsschritte Unterstellungen, ein Schnorrer zu sein, vielleicht zu Recht, denn welcher Politiker ist nur stiller Schaffer. Caring is sharing! Teilen macht ganz! Der Mensch denkt, Gott lenkt! Sind das nur Worthülsen und leere Sätze? Nik bringt allerdings die Menschen ins Handeln. Andere Politiker bleiben zu oft im Sandeln.

Ermutigung zum Handeln und zum Tun muss sich der Kritik stellen, das Machen zu bevorzugen. Und was bringt Nik die Sicherheit, dass er sich manchmal fast blind auf sein Gegenüber verlassen kann? In der Regel will jeder Mensch nur sein Bestes geben und das Falsche zum richtigen Zeitpunkt unterlassen. Die dunklen Seiten versucht jeder zu verbergen und sie machen in der Regel nur einen kleinen Teil der Person aus. Nik unterscheidet klar zwischen Mensch und seiner gelegentlich nicht schönen Taten. Dieser akzeptierende Denkansatz verschafft allen einen kleinen Vorsprung und festigt längerfristig das gegenseitige Vertrauen. Möglicherweise liegt hier eine grosse Stärke von Nik, zumal er sich gegenüber sich selbst nicht scheut, das gelegentliche Scheitern und vergebliche Handeln einzugestehen.

*Mit Nik stehe ich meistens
in einem Kontext von guten und
angenehmen Erinnerungen.*

Mit Demut und Scham stellte ich früher einmal fest, dass ich Nik gegenüber mit Vorurteilen handeln und sprechen wollte. Möglicherweise in gegenseitigem intuitivem Erkennen diesbezüglichen Unsinnes haben wir es beide unterlassen und die Vorurteile dort platziert, wo sie kritisches Denken unterstützen und nicht verunmöglichen. Ich verstehe das als Antizipation, das Vermögen etwas früh zu erkennen und auf seine Folgen hin untersuchen und beurteilen zu können. Was heisst das für die persönliche und gesellschaftliche Bereitschaft, parat zu sein für die Aufgaben der Zukunft? Es dient letztlich der strategischen und taktischen Weiterentwicklung im praktischen Handeln und der Aufrechterhaltung der Leistungsbereitschaft sowie der Stärkung des Willens der Gemeinschaft, fordert und fördert den Einsatz für die Gesellschaft. Mich dünkt, das ist ein sehr gutes Motiv für eine politische Tätigkeit in einer Demokratie und speziell in der Eidgenossenschaft. Tatsächlich entstehen durch solche Fragen zwischen Nik und mir immer wieder Anspannungen und Diskussionen, die wir im Resultat gerne offen lassen. Wichtiger sind die inneren Prozesse eines Diskurses um Werte, entsprechende Vorstellungen und Haltungen. Dieser im Grunde ethische Diskurs stellt uns in der Regel folgende zwei Fragen: Was bedeutet das für mich? Was soll ich tun?

In der Auseinandersetzung mit diesen Gedanken in den letzten Wochen erkannte ich ein wichtiges Element in der Beziehung zu Nik. Eigentlich verlasse ich ein Treffen meistens, ob mit wichtigem Gespräch erfüllt oder nur zwecks baumeln lassen der Seele, wie Nik zu sagen pflegt, mit innerer Zufriedenheit. Woran mag das liegen? Mit Nik stehe ich meistens in einem Kontext von guten und angenehmen Erinnerungen der letzten Jahre. Stets finden wir einen Fortschritt in Hinsicht auf Prioritäten, Gesundheit, Gewinn von neuen Fertigkeiten und wirtschaftlichem Erfolg. Das entwickelt sich in der Regel auf der Grundlage von Autonomie und Selbstbestimmtheit.

Die Ausrichtung von Denken und Handeln liegt in langfristigen Zielen und einer ausgesprochenen Nachhaltigkeit in allen Belangen, eigentlich so, wie Nachhaltigkeit in Artikel 2 der Bundesverfassung zum Zweck der Eidgenossenschaft benannt und gefordert ist. Dabei legen wir Wert auf Ausgeglichenheit von individuellen Vorteilen und Rahmenbedingungen. Fairness untereinander erkennen zu können, im gegenseitigen Vergleich und Abgleich dieser Vorteile und Rahmenbedingungen, hilft, die Zufriedenheit zu erhalten. – Es könnte auf Nik zutreffen, weniger auf mich.

---

**Marcel I. Raas, dipl. med.,** ist Facharzt für Kinder- und Jugendpsychiatrie und -psychotherapie sowie für Psychiatrie und Psychotherapie. Seit 1997 arbeitet er in einer eigenen Praxis in Winterthur. In seinen Arbeitsweisen verbindet er körperorientierte Verfahren sowie die systemische Behandlung von Familien mit seiner sportpsychiatrischen und sportpsychotherapeutischen Tätigkeit in der Beratung und Behandlung von jungen Sportlerinnen und Sportlern über alle Leistungsstufen. Mitglied im Vorstand der Schweizerischen Gesellschaft für Sportpsychiatrie und Sportpsychotherapie für das Ressort der Kinder- und Jugendpsychiatrie sowie der Arbeitsgruppe Gewalt und Missbrauch im Leistungssport.

Politik

# Jürg Maurer, wer ist Nik?

**Wie und warum ist Dir Nik aufgefallen?**
Er ist mir als «bunter Vogel» im Bundeshaus aufgefallen. Er trug eine orange Krawatte. Da habe ich ihn gefragt, ob er auch bei der Migros arbeite.

**Wer ist Nik für Dich?**
Nik ist für mich eine wichtige Bezugsperson im Bundeshaus. Wir begegnen uns auf Augenhöhe – von Mensch zu Mensch.

**Welche Eigenschaften werden Nik Deiner Meinung nach zugeschrieben?**
Er ist umtriebig und engagiert. Er gibt vollen Einsatz und kennt keine Grenzen.

**Was sind Niks Schwächen, was nervt?**
Er will manchmal das Unmögliche möglich machen. Daher verlangt er viel von seinem Umfeld, was auch Stress auslösen kann.

**Nik sagt von sich, Menschen «empowern» zu wollen. Gelingt ihm das Deiner Meinung nach? Wie macht er das?**
Ja, das gelingt ihm. Wie? Sein Engagement und seine Motivation sind ansteckend.

**Erkennst Du im unternehmerischen oder politischen Handeln von Nik Leitideen, Konstanten, Grundmuster? Welche?**
Nik will etwas bewegen. Er will Gutes tun, nicht für sich, sondern für alle.

**Wie siehst oder erlebst Du das Engagement von Nik für Indien?**
Mir ist das vor allem während der Corona-Pandemie aufgefallen. Sein Einsatz für die Ärmsten der Armen in Indien ist vorbildlich.

**Nik wurde 2021 in einer Studie der CH Media als wichtigster «Brückenbauer» im Bundeshaus bezeichnet. Hast Du ihn auch schon als «Brückenbauer» erlebt (wann, wo, wie)?**
Seine «Brückenbauer»-Funktion nehme ich bei verschiedensten Gelegenheiten wahr. «Brückenbauer» hat für mich als Migros-Mann eine besondere Bedeutung. Das gibt eine zusätzliche Verbundenheit.

**Eine Stärke von Nik, so sagen viele, sei es, die verschiedensten Leute für eine Sache gewinnen und vernetzen zu können. Wie schafft er das?**
Durch seine Art – er ist offen, vertrauenswürdig, umgänglich und wirklich interessiert am Gegenüber.

**Welche Bedeutung hat Nik in Deinen Augen als Politiker?**
Nik, der Brückenbauer!

**Welche Bedeutung hat Nik in Deinen Augen als Unternehmer?**
Ich kenne sein «Zingi». Ein vitalisierendes Ingwer-Getränk, gespritzt mit Schweizer Apfelsaft.

**Was wolltest Du zu Nik noch sagen?**
«Mach weiter so», das ist mein Wunsch für Nik.

---

**Jürg Maurer,** 1967, im Aargau aufgewachsen und dort auch zuhause. Er arbeitet seit rund 15 Jahren für die Migros im Bereich Public Affairs. Er vertritt die Interessen der Migros gegenüber der Politik, der Bundesverwaltung und in vielen Organisationen und Gremien der Branche.

Politik

# Elisabeth Wyss, wer ist Nik?

**Wie und warum ist Dir Nik aufgefallen?**
Ich begegnete Nik zum ersten Mal, als ich mich auf eine Pfarrstelle bewarb und im Mitarbeiterteam vorstellte. Er prüfte meine Kandidatur, indem er mir klarmachte, was wichtig ist in der Gemeinde: seine Leidenschaft, die Jugendarbeit.

**Wer ist Nik für Dich?**
Er ist mir ein langjähriger Wegbegleiter und Freund geworden, auch wenn wir nicht mehr zusammenarbeiten.

**Welche Eigenschaften werden Nik Deiner Meinung nach zugeschrieben?**
Nik ist leidenschaftlich in dem, was er anpackt. Es wirkt ehrgeizig, ist aber immer getragen von seinem Engagement. Mit Leidenschaft hat er alle Jugendlichen in die kirchliche Arbeit miteinbezogen, egal, welcher Glaubensrichtung sie angehörten. Er ist fast besessen davon, Jugendliche vom Rand wieder in die Mitte des Lebens zu holen.

**Was sind Niks Schwächen, was nervt?**
Manche stören sich an seiner Art, die selbstdarstellerisch wirken kann. Etwas, was Schweizer in der Regel stört.

**Nik sagt von sich, Menschen «empowern» zu wollen. Gelingt ihm das Deiner Meinung nach? Wie macht er das?**
Nik ist sehr ansteckend mit seinem Engagement. Dadurch kann er andere ermutigen und sie trauen sich auch mehr zu. Auch ich liess mich anstecken und fuhr mit ihm und mir unbekannten Jugendlichen im Schlauchboot auf der Aare. Aber einmal musste ich ihm klarmachen, dass es zu gefährlich sei, über

diese Fluss-Schwellen zu fahren. Denn ich wusste nicht, ob die Jugendlichen im Boot schwimmen konnten, ob man sich auf Deutsch gut verständigen konnte – wir haben Glück gehabt.

**Erkennst Du im unternehmerischen oder politischen Handeln von Nik Leitideen, Konstanten, Grundmuster? Welche?**
Nik glaubt immer daran, dass ihm das, was er anpackt, auch gelingen kann. Er fokussiert sich und schaut, dass etwas daraus herausspringt, auch finanziell.

**Wie siehst oder erlebst Du das Engagement von Nik für Indien?**
Als Nik sich für Indien zu engagieren begann, waren wir nicht mehr in enger Zusammenarbeit, sodass ich den Start nur am Rande mitbekam.

**Nik wurde 2021 in einer Studie der CH Media als wichtigster «Brückenbauer» im Bundeshaus bezeichnet. Hast Du ihn auch schon als «Brückenbauer» erlebt (wann, wo, wie)?**
Nik scheut keine Kontaktaufnahmen, auch nicht mit vermeintlichen Gegnern, und findet immer wieder neue Wege. – Sei es, dass er theologische Diskussionen bei einem institutionalisierten Seelsorge-Bier lanciert, obwohl er selbst kaum Alkohol trinkt, oder den Polizeichef in die Glaubensbar einlädt.

**Eine Stärke von Nik, so sagen viele, sei es, die verschiedensten Leute für eine Sache gewinnen und vernetzen zu können. Wie schafft er das?**
Nik ist ausserordentlich kontaktfreudig, ein durch und durch mündlicher Typ. Er kennt keine Scheuklappen, geht mutig in alle gesellschaftlichen Etagen, wenn er sich dadurch Erfolg oder Unterstützung für seine Sache verspricht.

Politik

**Welche Bedeutung hat Nik in Deinen Augen als Politiker?**
Als Mitglied in einer kleinen Partei hatte er schnelle Aufstiegschancen, die er aber auch gezielt verfolgt hat. Sonst kann ich dazu nichts sagen.

**Welche Bedeutung hat Nik in Deinen Augen als Unternehmer?**
Seine Unternehmungen sind meist erfolgreich, er wagt und gewinnt oft viel.

**Was wolltest Du zu Nik noch sagen?**
Er ist ein feiner Kerl, mit übersprudelnden Ideen, weit weg von aller Konformität. Und er ist ein im Glauben verhafteter Mensch, was ihn trägt, wenn das Leben doch eine andere Kurve nimmt.

---

**Elisabeth Wyss-Jenny,** 1953, Pfarrerin: Nach verschiedenen beruflichen Tätigkeiten und einem Theologiestudium als Zweitausbildung habe ich im Sommer 2000 meine erste Pfarrstelle in Winterthur-Wülflingen angetreten. Nik Gugger war dort als Jugendarbeiter im Team. 2003 wurde er als Co-Leiter der neu gegründeten reformierten Jugendkirche gewählt, in der ich im Vorstand, später als Präsidentin, mitwirkte. Auch als ich Winterthur verliess und eine Stelle im Kloster Kappel als Bildungsverantwortliche annahm, blieb ich noch im Präsidium der Jugendkirche bis 2017. Die bevorzugte Besprechungszeit mit Nik war zwischen 23 Uhr und 24 Uhr.

# Politische Forderungen und Fragen

Die Motion (Mo.) ist, neben der Parlamentarischen Initiative (Pa. Iv.), das stärkste parlamentarische Instrument, das die Parlamentsmitglieder einsetzen können, um eine Gesetzesanpassung in die Wege zu leiten. Die Motion verlangt vom Bundesrat zwingend die gesetzgeberische Umsetzung der aufgestellten Forderung. Voraussetzung dafür ist die Zustimmung von beiden Kammern, National- und Ständerat, zum Inhalt der Motion. Nik hat bisher neun Motionen eingereicht, von denen fünf im Nationalrat noch nicht behandelt worden sind. Drei Motionen sind erledigt, weil sie abgelehnt, zurückgezogen oder abgeschrieben wurden. Eine Motion ist noch im Ständerat hängig (Schutz vor Pornografie im Internet <16). Sie soll in der Wintersession 2022 im Ständeratsplenum behandelt werden. Bis dahin will die ständerätliche Rechtskommission noch einen Bericht zum Vorstoss von Nik erstellen.
Auffallend ist, dass es Nik jeweils gelingt, recht viele Mitunterzeichnende (16 bis 44) für seine Vorstösse zu gewinnen.
Mit einer Parlamentarischen Initiative kann ein Parlamentsmitglied, eine -kommission oder eine -fraktion den Entwurf zu einem Erlass oder die Grundzüge eines solchen Erlasses vorschlagen. Mit anderen Worten, das Parlament übernimmt die Gesetzgebungsarbeiten in eigener Regie. Bevor diese in der zuständigen Kommission gestartet werden können, ist die Zustimmung der Kommission des anderen Rates oder die Zustimmung beider Räte nötig. Nik hat am 19. März 2021 die Parlamentarische Initiative «Recht auf gesunde Umwelt und Rechte der Natur» in einer konzertierten Aktion mit vier anderen Parlamentariern (FDP, GLP, Grüne, SP) eingereicht. Ihre Forderung: Die Bundesverfassung soll mit einklagbaren Rechten für Natur und Umwelt ergänzt werden. Der Vorstoss ist in der Phase der Vorprüfung durch die Rechtskommission des Nationalrats. Im Mai 2022 hat die Kommission es mehrheitlich abgelehnt, die geforderten Rechte in die

Verfassung aufzunehmen. In der Herbstsession 2022 wurde das Geschäft im Nationalrat aus zeitlichen Gründen verschoben.

## Recht auf gesunde Umwelt und Rechte der Natur

(Pa. Iv. 21.439), eine fraktionsübergreifend gemeinsame Aktion; 6 Mitunterzeichnende, eingereicht am 19.03.2021.

**Forderung:** Der Schutz von Umwelt und Natur ist in der Bundesverfassung zu stärken. In einer entsprechenden Revision sind zwei Stossrichtungen zu verfolgen: 1. Das Recht des Menschen auf eine gesunde Umwelt ist als Grundrecht zu verankern. 2. Der Natur ist mindestens partiell der Status eines Rechtssubjekts zu geben.

**Begründung:** Die intensive Nutzung der natürlichen Ressourcen setzt die Natur zunehmend unter Druck. Der Rückgang der Biodiversität und der Klimawandel sind Ausdruck des fehlenden Gleichgewichts zwischen Mensch und Natur. Als Teil der natürlichen Umwelt ist der Mensch direkt durch die Umweltkrise betroffen: durch die Verknappung der Ressourcen, durch die zunehmenden Umweltbelastungen und die Folgen der Klimaerhitzung. Darum hat die Generalversammlung der Vereinten Nationen am 21. Dezember 2020 die Resolution 75/220 «Harmony with Nature» verabschiedet. In der Schweiz braucht es neue Verfassungsgrundlagen. Das Recht auf eine gesunde Umwelt soll zu einem einklagbaren Grundrecht aller Menschen werden. Und der Natur, verstanden als einheitliches Ökosystem, ist mindestens partiell der Status eines Rechtssubjekts zu geben.

Bei der Detailausarbeitung ist mitunter zu klären, wer berechtigt ist, die gesetzliche Vertretung der Natur zu übernehmen.

**Status:** Im Rat noch nicht behandelt. Die Kommission für Rechtsfragen des Nationalrats hat am 9. Mai 2022 die von Nik sowie von den Nationalrätinnen und Nationalräten Marionna Schlatter (Grüne), Beat Flach (GLP), Anna Giacometti (FDP) und Jon Pult (SP) eingereichten, gleichlautenden parlamentarischen Initiativen vorgeprüft. Die Kommission beantragt mit 14 zu 11 Stimmen, den parlamentarischen Initiativen keine Folge zu geben. In einem Bericht begründet sie die mehrheitliche Ablehnung mit folgenden Argumenten: Der Begriff «gesunde Umwelt» wird als «nicht hinreichend bestimmt» taxiert, «um als grundrechtlicher Anspruch in der Bundesverfassung verankert zu werden. Auch den Begriff der ‹Natur› erachtet die Kommission für die Umschreibung eines Rechtssubjektes als zu unpräzise.» Zudem wird auf Schwierigkeiten bei der Umsetzung der Parlamentarischen Initiativen hingewiesen. Wer würde die «prozessuale Vertretung der Natur» übernehmen? Erinnert wird auch daran, «dass einem Rechtssubjekt in unserer Rechtsordnung nicht nur Rechte zustehen, sondern auch Pflichten obliegen.» (parlament.ch, besucht 15.08.2022)

Dass sich Nik mit der Pa. Iv. für eine «gesunde Umwelt» und einklagbare «Rechte der Natur» engagiert, hat persönliche und parteipolitische Gründe. Zum einen ist ihm der «Schutz der Erde und die Wahrung der Schöpfung» ein persönliches Anliegen. Zum anderen gehören diese Elemente zum «Kernbestand und den Kernanliegen der EVP».

## Schutz vor der einseitigen Einführung des Agenturmodells im KFZ-Markt

(Mo. 22.3838), 28 Mitunterzeichnende, eingereicht am 17.06.2022.

**Forderung:** Das Kartellgesetz ist so zu ergänzen, dass erstens die Kündigung der Händler- und Werkstattverträge für das ganze oder einen grossen Teil des Netzes unzulässig ist, wenn der Hersteller nicht nachweisen kann, dass das neue Vertriebsmodell signifikant effizienter ist als das bisherige Vertriebsmodell, und zweitens auch nach Einführung des Agenturmodells oder des Direktvertriebs das Kartellgesetz auf das Verhältnis zwischen den Kfz-Herstellern/Importeure sowie den zu reinen Auslieferungsstellen degradierten Schweizer Garagen anwendbar bleibt.

**Status:** Im Rat noch nicht behandelt.

## Compliance-Verstösse straffrei melden

(Mo. 21.4615), 30 Mitunterzeichnende, eingereicht am 16.12.2021.

**Forderung:** Der Bundesrat wird beauftragt, eine gesetzliche Grundlage zu schaffen, dass Whistleblower keine rechtlichen Konsequenzen befürchten müssen. Um dieses Ziel zu erreichen, sollen Unternehmen ab einer gewissen Grösse verpflichtet werden, eine unabhängige Meldestelle für Whistleblower einzurichten.

**Status:** Im Rat noch nicht behandelt. Der Bundesrat beantragt die Ablehnung der Motion.

## Befreiung von erneuerbaren Gasen von der $CO_2$-Abgabe

(Mo. 21.4318), 27 Mitunterzeichnende, eingereicht am 01.10.2021.

**Forderung:** Der Bundesrat wir aufgefordert, die gesetzlichen Grundlagen dahin anzupassen, dass über das Gasnetz importierte erneuerbare Gase vollständig von der $CO_2$-Abgabe auf fossile Brennstoffe befreit werden. Die Doppelanrechnung von $CO_2$ im Produktions- und Verbrauchsland muss dabei verhindert werden.

**Status:** Im Rat noch nicht behandelt. Der Bundesrat beantragt die Ablehnung der Motion.

## Förderung von sozialen Unternehmen

(Mo. 21.3891), 25 Mitunterzeichnende, 18.06.2021.

**Forderung:** Der Bundesrat wird beauftragt, die gesetzliche Rahmenordnung zur Förderung des sozialen Unternehmertums anzupassen. Dabei soll insbesondere eine gesetzliche Grundlage geschaffen werden, um die Anerkennung und Förderung von sozialen Unternehmen zu ermöglichen. Darüber hinaus muss der Bundesrat die Förderung von sozialen Unternehmen in die Strategie Nachhaltige Entwicklung 2030 einbinden. Basierend auf den Erfahrungen zahlreicher anderer Länder in Europa, bieten sich unter anderem folgende Fördermassnahmen an: Angebote zur erleichterten Finanzierung – Steuerliche Anreize, sich ökologisch, gesellschaftlich und kulturell zu engagieren – Beratungsstellen für soziale Unternehmen – Spezielle

Berücksichtigung von sozialen Unternehmen bei der öffentlichen Beschaffung – Förderung der Bekanntheit durch Öffentlichkeitsarbeit und Bildung – Erheben von Statistiken über soziale Unternehmen.
Bei der Erarbeitung, Umsetzung, Evaluierung und zukünftigen Anpassung der Fördermassnahmen sind die spezialisierten Forschungs- und Ausbildungsinstitutionen aktiv miteinzubeziehen.

Status: Im Rat noch nicht behandelt. Der Bundesrat beantragt die Ablehnung der Motion.

## Fairness bei der Entschädigung von Rissen durch grosse Beutegreifer

(Mo. 20.4323), 15 Mitunterzeichnende, eingereicht am 30.10.2020.

Forderung: Der Bundesrat wird aufgefordert, eine Ausweitung an der Beteiligung des Bundes an der Entschädigung von Schäden durch Grosse Beutegreife (durch Wolf u. v. m) vorzunehmen, wenn Angriffe auf geschützte Herden erfolgten und Nutztiere verletzt oder vermisst wurden oder abgestürzt sind.

Status: Im Rat noch nicht behandelt. Der Bundesrat beantragt die Ablehnung der Motion.

## Unter 16-Jährige wirksam vor pornografischen Inhalten auf dem Internet schützen. #banporn4kids#

(Mo. 20.3374), 22 Mitunterzeichnende, eingereicht am 06.05.2020.

**Forderung:** Der Bundesrat wird beauftragt, der Bundesversammlung die gesetzlichen Anpassungen vorzulegen, die Fernmeldedienstanbieter verpflichten, Zugangssperren über Anbieter zu verfügen, welche pornografische Inhalte im Sinne von Artikel 197 Absatz 1 StGB verbreiten, ohne hinreichende technische Vorkehrungen zum Schutz von Personen unter 16 Jahren zu treffen.

**Status:** Der Nationalrat hat die Motion in der Sommersession 2022 gutgeheissen, entgegen dem Antrag des Bundesrats. Er hatte die Ablehnung der Motion empfohlen. Das Geschäft soll in der Wintersession 2022 im Ständerat, ergänzt durch einen Bericht der ständerätlichen Rechtskommission, traktandiert werden.

## Umweltverträgliche Zigarettenfilter

(Mo. 19.4629), 32 Mitunterzeichnende, eingereicht am 20.12.2019.

**Forderung:** Der Bundesrat wird beauftragt, die Gesetzgebung so anzupassen, dass Einwegzigarettenfilter, welche nach der Nutzung beim Zersetzen Mikroplastik und giftige Stoffe in die Umwelt abgeben, verboten werden.

**Status:** Erledigt; abgeschrieben, weil nicht innert zwei Jahren abschliessend im Rat behandelt. Der Bundesrat hatte die Ablehnung der Motion beantragt.

## Bundesrat und VBS geben der Cybersecurity 2019 höchste Priorität

(Mo. 18.4387), 44 Mitunterzeichnende, eingereicht am 14.12.2018.

Forderung: Der Bundesrat wird beauftragt, die Schaffung eines departementsübergreifenden Cyberkompetenzzentrums sofort an die Hand zu nehmen und im Eidgenössischen Departement für Verteidigung, Bevölkerungsschutz und Sport anzusiedeln. Die Kosten werden unter den Departementen geteilt. Zudem benötigen betroffene Organisationen und Personen sofortigen Zugang zu professioneller und staatlich koordinierter Ersthilfe (Bund und Kantone), um den wirtschaftlichen oder persönlichen Schaden in Grenzen zu halten.

Status: Erledigt; Nik hat die Motion am 17.12.2020 zurückgezogen. Der Bundesrat hatte die Ablehnung der Motion beantragt.

## Kinder und Jugendliche vor der Tabakwerbung in den klassischen und digitalen Medien schützen

(Mo. 17.4268), 16 Mitunterzeichnende, eingereicht am 15.12.2017.

Forderung: Der Bundesrat wird beauftragt, die Gesetzgebung so anzupassen, dass Werbung für Tabakprodukte und E-Zigaretten in Print- und Online-Produkten (inklusive Publireportagen, Social Media und Apps), welche Minderjährigen leicht zugänglich sind, verboten wird. Als «leicht zugänglich» gelten Print- und Online-Produkte, welche weder über Bezahl-

Abonnemente noch über eine andere Form der persönlichen Identifizierung verfügen.

**Status:** Erledigt; die Motion ist im Nationalrat in der Herbstsession 2018 mit 94:89 Stimmen bei 7 Enthaltungen abgelehnt worden. Der Bundesrat hatte die Annahme der Motion beantragt.

## Fragen über Fragen über Fragen

Fragen stellen ist die bevorzugte Politik-Methode von Nik. In der Fragestunde hat er bisher 43 Fragen direkt an die Bundesräte gestellt. 29-mal bediente er sich der Interpellation, des parlamentarischen Instruments für sehr konkrete oder sehr allgemeine Fragen. Der Bundesrat antwortet jeweils schriftlich. Zu den Antworten gibt es sozusagen nie eine Debatte. Allerdings kann der Frager Nik aus den Antworten herauslesen, ob es sich lohnt, mit einem stärkeren Instrument (Postulat / Nik hat 3 eingereicht, Motion / 9, Parlamentarische Initiative / 1) dranzubleiben und tiefer zu bohren.
Analysiert man Niks Fragen bzw. parlamentarische Vorstösse mit Blick auf seine Interessenbindungen – Vizepräsident der Vogelschutzorganisation BirdLife Schweiz, verschiedene Unternehmen – sowie seine persönlichen und parteipolitischen Anliegen, ergeben sich Cluster und Schwerpunkte seiner politischen Arbeit:

**Natur, Klima, Biodiversität:** Bienen, Insekten, Greifvögel, Pestizide, Landwirtschaft, $CO_2$, Amazonas – grüne Lunge der Erde, einklagbare Rechte für Umwelt und Natur in die Bundesverfassung, Plastik-Verpackungen, Aktionsplan Klimawandel umsetzen und anpassen

**Kinder- und Jugendschutz:** Pornografie, Corona-Massnahmen, Zigaretten/ E-Zigaretten, Tabakwerbung, Soziale Medien, Gaming/Massnahmen des Bundes gegen «viereckige Augen» bei Kindern und Jugendlichen

**Bildung:** Integration ukrainischer Flüchtlingskinder in die Schule, Berufsbildung, Digitale Berufsbildung von morgen, Anschlussfähigkeit von Gymnasien und Berufsschulen mit Blick auf die Nachhaltigkeitsforschung, Sensibilität von Bundesstellen im Bildungsbereich für nachhaltige Entwicklungen, Privatsphäre Schülerinnen und Schülern nicht verkaufen

**Digitales, Cyber:** Cyber Security, Cyber Intelligence & Cyber Resilience, digitale Plattformen, künstliche Intelligenz

**Aussenpolitik:** China: Uiguren, Menschenrechtsdialog, Aktivitäten zur Überwachung und Einflussnahme in der Schweiz; Afrika: Strategie der Schweiz, Deza-Richtlinien für Zusammenarbeit mit NGO

**Einzelthemen:** Lieferung «Pirania»-Schützenpanzer an Dänemark, Schutzwesten für ukrainische Kinder, Felchenfang am Neuenburgersee, Zuckerproduktion in der Schweiz, Finanzierung von interkulturellen Dolmetschern im ärztlich-ambulanten Bereich

Die Vielfalt und die stimmige ethische Grundhaltung sind zwei Elemente, die bei den 85 parlamentarischen Interventionen von Nik auffallen. Dies sei seiner persönlichen Grundhaltung geschuldet, sagt er. Die Bitte, sie kurz zu beschreiben, erfüllt er spontan und professionell. Er nennt drei Werte, die ihn leiten: «Menschenwürde, Gerechtigkeit und Nachhaltigkeit». Und er fügt noch an, in seinen politischen Aktivitäten «immer die Schwachen

> *Nik leiten drei Werte:*
> *Menschenwürde, Gerechtigkeit*
> *und Nachhaltigkeit.*

im Blick» haben zu wollen. Da ist es wieder, sein Engagement für ihr Empowerment, ihre Resilienz.

Neben den eigenen Firmen ist Nik in verschiedenen Verwaltungsräten aktiv. Die Liste der Interessenbindungen auf der Parlamentsseite parlament.ch weist folgende Einträge zu seinen Engagements aus:

| | | | | |
|---|---|---|---|---|
| Herzkraftwerk AG, Winterthur | AG | Verwaltungsrat | Vizepräsident | ehrenamtlich |
| Mietauto AG, Winterthur | AG | Verwaltungsrat | Mitglied | bezahlt |
| H. Bühlmann AG | AG | Verwaltungsrat | Mitglied | bezahlt |
| Innotas AG | AG | Management Ambassador | Berater | ehrenamtlich |
| Prefero AG | AG | Verwaltungsrat | Vizepräsident | bezahlt |
| ConCordis GmbH, Winterthur | AG | Geschäftsleitung/Inhaber | Präsident | ehrenamtlich |
| BirdLife Schweiz | Verein | Vorstand | Vizepräsident | ehrenamtlich |
| Kalinga Institute of Social Sience (KISS) India | Anstalt/Universität | Global Ambassador | Berater/Coach | ehrenamtlich |
| Tear Fund Schweiz | Verein | Vorstand | Mitglied | ehrenamtlich |
| Swissaid | Stiftung | Stiftungsrat | Mitglied | ehrenamtlich |

Politik

# Philipp Bregy, wer ist Nik?

**Wie und warum ist Dir Nik aufgefallen?**
Kennengelernt habe ich Nik als Fraktionskollege. Er ist mir sofort aufgefallen, weil er sehr engagiert ist und jeweils ganz andere Themen und Aspekte in die Diskussionen einbringt.

**Wer ist Nik für Dich?**
Er ist für mich eine sehr spannende Person. Er ist sowohl als Unternehmer als auch als Politiker sehr aktiv. Dabei ist er immer für eine Überraschung gut. Bei ihm läuft immer etwas, manchmal etwas hektisch, aber immer mit viel Dynamik.

**Welche Eigenschaften werden Nik Deiner Meinung nach zugeschrieben?**
Innovativ, aktiv, sozial; er hat keine Berührungsängste.

**Was sind Niks Schwächen, was nervt?**
Seine Hartnäckigkeit, alles muss immer schnell gehen. Kaum ist eine Sache abgeschlossen, kommt schon wieder etwas Neues. Das ist gelegentlich anstrengend.

**Nik sagt von sich, Menschen «empowern» zu wollen. Gelingt ihm das Deiner Meinung nach? Wie macht er das?**
Es gelingt ihm, mit seiner Energie andere zu beflügeln. Auf der anderen Seite braucht er durch seinen Aktivismus auch die Energie der anderen. Auf jeden Fall hat er Einfluss auf die Personen, mit denen er jeweils zusammen ist.

**Erkennst Du im unternehmerischen oder politischen Handeln von Nik Leitideen, Konstanten, Grundmuster? Welche?**
Seine Vielseitigkeit, sein soziales Engagement und die absolute Offenheit für neue Sachen sind beeindruckend.

**Wie siehst oder erlebst Du das Engagement von Nik für Indien?**
Ich weiss, dass er sehr engagiert ist, dass es ihm eine Herzensangelegenheit ist. Aber da ich nicht involviert bin, kann ich nichts Konkretes dazu sagen.

**Nik wurde 2021 in einer Studie der CH Media als wichtigster «Brückenbauer» im Bundeshaus bezeichnet. Hast Du ihn auch schon als «Brückenbauer» erlebt (wann, wo, wie)?**
Er ist immer offen für Kompromisse, das zeichnet ihn aus. In jenen Geschäften, die uns beide betreffen, sind wir jedoch oft auf der je anderen Brückenseite.

**Eine Stärke von Nik, so sagen viele, sei es, die verschiedensten Leute für eine Sache gewinnen und vernetzen zu können. Wie schafft er das?**
Mit Leidenschaft und viel Herzblut und ich erwähne es nochmals, mit Hartnäckigkeit. Er lebt vor, was er vertritt und wofür er einsteht.

**Welche Bedeutung hat Nik in Deinen Augen als Politiker?**
Er bringt unternehmerische Überlegungen in die Politik ein. Zudem hat er einen klaren Wertekompass.

**Welche Bedeutung hat Nik in Deinen Augen als Unternehmer?**
Er ist erfolgreich und lanciert immer wieder Neues. Beispielsweise sein «Zingi» Getränk, da ist er ein ausgezeichneter Verkäufer. Meine Frau mag Zingi sehr.

**Was wolltest Du zu Nik noch sagen?**
Nik ist in seiner herzhaften Offenheit sehr authentisch. Er ist immer ohne Visier und Scheuklappen unterwegs und das ist sehr wichtig für die Politik.

---

**Philipp Matthias Bregy,** 44, studierte an der Universität Bern Rechtswissenschaften und spezialisierte sich im Masterstudium auf Strafrecht und Kriminologie. Er ist Rechtsanwalt und verfügt über CAS-Diplome in Forensics und als Verwaltungsrat. Aktuell ist er als Partner der Rechtsanwalts- und Notariatskanzlei Rieder. Pfammatter. Bregy tätig. Zuvor war er Jugendrichter-Stellvertreter des Kantons Wallis. Der ehemalige Generalsekretär der Jungen CVP Schweiz politisierte viele Jahre im Gemeinderat von Naters und im Walliser Grossen Rat. Heute ist Philipp Matthias Bregy Nationalrat und präsidiert seit 2021 die Mitte-Fraktion (Mitte, EVP) im Bundesparlament. Daneben ist er als Verwaltungsrat tätig. Er ist verheiratet und Vater von zwei minderjährigen Söhnen.

# Andreas Jahn, wer ist Nik?

**Wie und warum ist Dir Nik aufgefallen?**
Nik Gugger wurde mir von einem indischen Freund vorgestellt. Seine politische Arbeit im Schweizer Parlament und seine aussenpolitische Expertise hatte bereits vorher meine Aufmerksamkeit erregt.

**Wer ist Nik für Dich?**
Nik ist ein wertvoller Ratgeber und Glaubensbruder, durch den ich viel über christliches Engagement im politischen Kontext und über Persönlichkeitsbildung gelernt habe. Er ist zudem ein ausgewiesener Experte für den europäisch-indischen Dialog.

**Welche Eigenschaften werden Nik Deiner Meinung nach zugeschrieben?**
Weltoffenheit, Verbindlichkeit, Integrität, Empathie, Herzensgüte.

**Was sind Niks Schwächen, was nervt?**
Aufgrund der Einzigartigkeit seiner Persönlichkeit fehlt uns der Vergleich. Er steht allein.

**Nik sagt von sich, Menschen «empowern» zu wollen. Gelingt ihm das Deiner Meinung nach? Wie macht er das?**
Das gelingt ihm hervorragend. Er besitzt die einzigartige Gabe, seine Gesprächspartner so zu ermutigen, dass sie nach jedem Gespräch den Eindruck haben, einen entscheidenden Schritt vorangekommen zu sein. Er lauscht zunächst aufmerksam auf die Herztöne seiner Gesprächspartner. Dann befähigt er sie, mit dem Herzen zu sehen.

**Erkennst Du im unternehmerischen oder politischen Handeln von Nik Leitideen, Konstanten, Grundmuster? Welche?**
Nik hat die grosse Gabe, Verbindlichkeit zu leben. Er tritt seinem Gegenüber mit grosser Offenheit und hoher emotionaler Intelligenz gegenüber. Man fühlt sich in seiner Gegenwart vom ersten Augenblick an sehr gut aufgehoben. Seine Integrität und sein tiefes Gottvertrauen schaffen persönliche Brücken, die sich später als sehr tragfähig erweisen.

**Wie siehst oder erlebst Du das Engagement von Nik für Indien?**
Sein Engagement für Indien ist absolut beispielhaft. Er hat ein bemerkenswertes Netzwerk mit Entscheidungsträgern geschaffen, das mit Hingabe die Lebenssituation von tausenden Kindern auf dem Subkontinent verbessert und nachhaltig prägt.

**Nik wurde 2021 in einer Studie der CH Media als wichtigster «Brückenbauer» im Bundeshaus bezeichnet. Hast Du ihn auch schon in dieser Funktion erlebt (wann, wo, wie)?**
In der Tat ist seine Begabung zum Brückenbauen beispielhaft. Bei der Organisation von Veranstaltungen, bei der Vernetzung von Freunden, im persönlichen Umgang mit seinen Wählern besitzt Nik die unschätzbare Gabe, Menschen zusammenzuführen und für seine Ideen zu begeistern.

> *Nik hat die grosse Gabe, Verbindlichkeit zu leben. Er tritt seinem Gegenüber mit grosser Offenheit und hoher emotionaler Intelligenz gegenüber.*

**Eine Stärke von Nik, so sagen viele, sei es, verschiedenste Leute für eine Sache miteinander vernetzen zu können. Wie schafft er das?**
Nik verfügt über ein unschätzbares Netzwerk an Freunden, das er mit grosser Hingabe pflegt. Sie sind wie Tauperlen im Gras, die durch das Licht seiner Sonne in immer neuen Farben des Regenbogens schillern. Unter dem Brennglas seiner Zuwendung fühlt man sich stets ermutigt und ist glücklich, Teil dieses wunderbaren Netzwerkes zu sein.

**Welche Bedeutung hat Nik in Deinen Augen als Politiker?**
Nik versteht Politik nicht als Beruf, sondern als Berufung. Daher vertrauen ihm auch Wähler, die seiner Partei sonst nie ihre Stimme geben würden. Er versteht Politik als die Kunst, das langfristig Notwendige kurzfristig mehrheitsfähig zu machen. Diese langfristig ausgerichtete Hinwendung zu den Menschen verleiht ihm eine einzigartige Authentizität. Auch in der CDU/CSU-Fraktion des Deutschen Bundestages wird er für seine Werteorientierung und seine aussenpolitische Expertise überaus geschätzt.

**Welche Bedeutung hat Nik in Deinen Augen als Unternehmer?**
Nik ist sehr erfolgreich, Geschäftsideen zu entwickeln, aufzugreifen und umzusetzen. Auch hier ist ihm die nachhaltige Wirkung seiner Projektideen und das Gute, das sie bewirken, wichtiger als eine kurzfristige Gewinnmaximierung. Seine hohe Glaubwürdigkeit schafft Verbindlichkeit bei seinen Geschäftspartnern und beschleunigt viele bürokratische Prozesse.

**Was wolltest Du zu Nik noch sagen?**
Ich bin sehr dankbar, dass ich Nik begegnet bin. Seine Verbindlichkeit und seine Herzensgüte haben mich tief beeindruckt. Seine Gabe, sinnstiftend Menschen zu neuen Ufern zu führen und sie neue Horizonte entdecken zu

lassen, ist für mich beispielhaft. Sein Stil, Politik werteorientiert zu gestalten und vom Ende her zu denken, ist auch ein nachhaltiger Beitrag zur Debattenkultur im Schweizer Parlament und weit darüber hinaus.

---

**Andreas Jahn** ist Parlamentarischer Referent für einen Abgeordneten der CDU/CSU-Fraktion im Ausschuss für wirtschaftliche Zusammenarbeit und Entwicklung im Deutschen Bundestag. Als Repräsentant der Stiftung für Grundwerte und Völkerverständigung und Koordinator des Gebetsfrühstückes im Deutschen Bundestag war er zudem massgeblich an Friedensmissionen in Afrika beteiligt. Als Generalsekretär der Mittelstandsallianz Afrika und Leiter der Bereiche Politik, Public Affairs, Volkswirtschaft, Presse und Aussenwirtschaft des Bundesverbandes mittelständische Wirtschaft unterstützt er die aussenwirtschaftlichen Aktivitäten mittelständischer Unternehmer in Deutschland und Europa. Seit September 2020 ist er Präsident des Deutsch-Turkmenischen Forums.

# Albert Rösti, wer ist Nik?

**Wie und warum ist Dir Nik aufgefallen?**
Der erste Kontakt mit Nik war im Nationalratssaal anlässlich der ersten Session nach seiner Wahl. Während man manche Neugewählten erst Wochen, manchmal sogar Monate, nach ihrer Wahl persönlich kennenlernt, kam Nik sofort auf mich zu. Das Zusammentreffen war so offen, als ob wir einander schon lange kennen würden.

**Wer ist Nik für Dich?**
Nik ist ein Nationalratskollege, der im Dorf aufgewachsen ist, in dem ich heute Gemeindepräsident bin, woraus sich eine besondere Verbindung ergibt. Er ist eine sehr offene, zugängliche und interessante Persönlichkeit, die keinen Kontakt, egal aus welcher politischen Richtung, scheut.

**Welche Eigenschaften werden Nik Deiner Meinung nach zugeschrieben?**
Offenherzig, kontaktfreudig, initiativ, ideenreich, sympathisch, interessant, ein toller Kumpel.

**Was sind Niks Schwächen, was nervt?**
Mich persönlich nervt nichts an Nik. Jede Stärke kann aber, wenn zu stark ausgespielt, zur Schwäche werden. Seine Extrovertiertheit kann für introvertiertere Menschen überfallartig und überfordernd wirken.

**Nik sagt von sich, Menschen «empowern» zu wollen.
Gelingt ihm das Deiner Meinung nach? Wie macht er das?**
Ja, er lebt nach meinem Empfinden nach dem Grundsatz «Man muss Menschen mögen». Diese positive Grundeinstellung, auch gegenüber anders Denkenden, überträgt sich auf sein Gegenüber und ermutigt zu aktivem Anstreben seiner eigenen Ziele.

**Erkennst Du im unternehmerischen oder politischen Handeln von Nik Leitideen, Konstanten, Grundmuster? Welche?**
Als Grundmuster erkenne ich die Kraft des positiven Denkens. Auch wenn die Herausforderungen noch so gross sind, Nik lässt sofort die Überzeugung reifen, dass Lösungen möglich sind.

**Wie siehst oder erlebst Du das Engagement von Nik für Indien?**
Als gebürtiger Inder ist Nik ein glaubwürdiger Botschafter für dieses Land. Wenn er von seinen Projekten für Indien erzählt, spürt man, dass Nik ein inneres Feuer dafür antreibt.

**Nik wurde 2021 in einer Studie der CH Media als wichtigster «Brückenbauer» im Bundeshaus bezeichnet. Hast Du ihn auch schon als «Brückenbauer» erlebt (wann, wo, wie)?**
Ja, Nik hat keinerlei Berührungsängste, unabhängig von der Meinung seiner politischen Weggefährten oder der Partei. Er pflegt zu allen politischen Couleurs ein offenes und freundschaftliches Verhältnis. Zur Umsetzung seiner Vorstösse sucht er jeweils überparteiliche Unterstützung.

**Eine Stärke von Nik, so sagen viele, sei es, die verschiedensten Leute für eine Sache gewinnen und vernetzen zu können. Wie schafft er das?**
Es ist der Grundsatz, dass er ohne Vorurteile, Vorbehalte und offen auf anders Denkende zugeht. Das merkt sofort auch das Gegenüber und ist dementsprechend offener für die Ideen und Anliegen von Nik.

**Welche Bedeutung hat Nik in Deinen Augen als Politiker?**
Er kann es schaffen, die EVP aus einer Nische hinaus zu modernisieren und zu öffnen. So würde deren Wählanteil und damit der Einfluss zur Entwicklung von politischen Kompromissen gestärkt.

**Welche Bedeutung hat Nik in Deinen Augen als Unternehmer?**
Mit seinen Gastro-Unternehmungen und der Beratungstätigkeit hat er sein unternehmerisches Flair mehrfach unter Beweis gestellt.

**Was wolltest Du zu Nik noch sagen?**
Für seine Offenheit, Ehrlichkeit und Freundschaft, trotz unterschiedlichen politischen Ansichten, danke ich Nik.

---

**Albert Rösti** schloss seine Ausbildung als Ing. Agr. ETH und Doktor der technischen Wissenschaften ab. Zudem bildete er sich mit einem Master of Business Administration, MBA, an den Universtäten Bern und Rochester/USA weiter. Er arbeitete zuerst als Generalsekretär der Volkswirtschaftsdirektion des Kantons Bern, dann als Direktor des Verbands Schweizer Milchproduzenten, bevor er sich als Berater für Politik und Wirtschaft selbstständig machte. Der politische Weg führte Albert Rösti unter anderem vom Wahlleiter der SVP Schweiz zum Parteipräsidenten der grössten Schweizer Partei. Neben seinem Nationalratsmandat ist Albert Rösti aktuell auch Gemeindepräsident von Uetendorf. Er ist verheiratet und hat zwei erwachsene Kinder.

Politik

# Lobbyist für die politische Sache

Lobbyist für das Gute, die eigene politische Sache, das ist jedes Parlamentsmitglied. Nik hat für sich diese Rolle perfektioniert. Dazu ist er im Sommer 2021, zur Halbzeit der Legislaturperiode 2019–2023, von der CH Media zum erfolgreichsten Brückenbauer im Nationalrat ausgezeichnet worden. Der Ukraine-Krieg und sein Kampf für den Schutz von Jugendlichen vor Pornografie im Internet sind zwei Beispiele, die zeigen, wie er politisiert und sich positioniert.

Die mediale Auszeichnung als «grösster Brückenbauer» im Nationalrat basiert auf dem neuen Brückenbauer-Index. Zur Halbzeit der Wahlperiode 2019–2023 wertete die Bundeshausredaktion von CH Media mit Hilfe von Datenspezialisten sämtliche Vorstösse aus, die seit der ersten Sitzung im Dezember 2019 im Nationalrat eingereicht worden sind. Das waren fast 2900 parlamentarische Vorstösse, die über 17 300 Mitunterzeichnungen aufweisen. Mitglieder des Parlaments können ihre Vorstösse und parlamentarische Initiativen von anderen Ratsmitgliedern mitunterzeichnen lassen. «Je grösser die Zahl der Mitunterzeichnenden, desto grösser das politische Gewicht eines Vorstosses» (vgl. «Brückenbauer im Nationalrat», Luzerner Zeitung, 20.08.2021 sowie alle Zeitungen der CH Media-Gruppe). Aus der Datenanalyse entstand der erste Brückenbauer-Index mit folgender Rangliste der zehn «grössten Brückenbauer» im Nationalrat:

1. Nik Gugger (EVP)
2. Marianne Streiff-Feller (EVP)
3. Christine Bulliard-Marbach (Mitte)
4. Jean-Pierre Grin (SVP)
5. Mathias Reynard (SP)
6. Matthias Aebischer (SP)
7. Kurt Fluri (FDP)
8. Fabio Regazzi (Mitte)
9. Benjamin Roduit (Mitte)
10. Christophe Clivaz (Grüne)

## Ranglisten und Realitäten

Gegenüber allen Formen von Rangierungen in der Politik und im Parlamentsbetrieb ist Vorsicht geboten – aus mehreren Gründen. So steht zuerst die Tatsache, dass jedes Parlamentsmitglied, egal, wo es in dieser oder jener Rangliste platziert ist, eine Stimme hat. Und die zählt gleich viel, wie jede andere. Stimmen werden im Parlament gezählt, nicht gewogen. Das politische Gewicht oder die Gewichtung einer politischen Stimme zu erwägen und zu werten, ist eine Aufgabe der Bürgerschaft und der Medien. Ranglisten bilden zudem nur einen Teil der politischen Realitäten ab. Sie sind selbst im Bereich des Untersuchungsgegenstandes nur vermeintlich transparent. Nicht transparent ist beispielsweise die Interessenlagen der Mitunterzeichnenden. Naheliegend und nicht auszuschliessen ist, dass eigene Interessen der Mitunterzeichnenden eine Rolle spielen. Bei der Suche nach Unterstützern für einen eigenen Vorstoss sind «Gegengeschäfte» – eine Unterschrift – sicherlich hilfreich.
Dennoch, der Brückenbauer-Index zeigt: Die Gewählten von kleinen politischen Parteien können Einfluss und Mehrheiten organisieren. Sie können konkrete Lösungen auf den Weg bringen, wenn ihre Repräsentanten geschickt und in parteiübergreifenden Netzwerken für ihre politischen Anliegen argumentieren, werben und weibeln. Das ist aufwändig.

*Nik ist von der CH Media zum erfolgreichsten Brückenbauer im Nationalrat ausgezeichnet worden.*

Im Jahr 2020 traf Nik gemeinsam mit Ständerat Daniel Jositsch den Präsidenten Kolumbiens, Iván Duque Márquez, bei dessen Besuch in der Schweiz. Das Foto entstand in der Residenz der kolumbianischen Botschaft in Bern.

Nik Gugger und Marianne Streiff-Feller, beide von der kleinen EVP, haben diese Politik-Methode – zwangsläufig – zur Perfektion entwickelt und tragen so mit ihren Ideen und Projekten zur Gestaltung der politischen Realität bei.

## Ein Meister im politischen «Maschinenraum»

Die neue Politik-Rangliste der «Brückenbauer» war am 20.08.2021 die grosse Hintergrundgeschichte in allen Titeln der CH Media. «Wer spannt im Bundeshaus auch mit Gegnern zusammen?» wurde gefragt. Die Antwort: Nik. Der Journalist Sven Altermatt zeichnet ein treffendes Porträt des EVP-Politikers. Es ist hier auszugsweise und mit Erlaubnis des CH Media-Chefredaktors Patrik Müller zitiert. Dafür bedanken sich Nik und der Weber Verlag herzlich bei CH Media.

> Er zählt nicht dazu. Nik Gugger, 51, EVP-Nationalrat und Sozialunternehmer aus Winterthur, gehört nicht zu den Wortführern unter der Bundeshauskuppel. Das würde bei ihm, dem Vertreter einer Kleinpartei mit nur drei Mandaten, auch niemand erwarten. Doch es gibt eine Disziplin, in der Gugger unschlagbar ist: Er ist ein Meister darin, politische Brücken zu bauen. Sein Werkzeug dafür sind Vorstösse.
>
> Der EVP-Mann reicht solche nicht inflationär ein; manche Parlamentarier tun dies zwecks Selbstprofilierung, andere einfach zur Bewirtschaftung der Agenda. Wenn Gugger ein Anliegen portiert, stützt er dieses meist von Anfang an breit ab: Der Vertreter der Mitte-Fraktion geht einen Schritt

auf Ratskolleginnen und Ratskollegen zu – namentlich auf solche aus anderen politischen Lagern – und bittet um Sukkurs für sein Vorhaben. Ebenso unterstützt er gerne die Vorstösse anderer.

Denn: Ohne Zusammenarbeit geht's nicht. Schliesslich ist die vielbeschworene Konkordanz ein Markenzeichen der Schweizer Politik, das Parlament quasi ihr Maschinenraum. Doch welche Nationalrätinnen und Nationalräte sind ganz konkret bereit, einen Schritt auf Vertreterinnen und Vertreter anderer Lager zuzugehen? Eine Möglichkeit, dies herauszufinden, bieten die sogenannten Mitunterzeichnungen. Die Ratsmitglieder können ihre Vorstösse und parlamentarischen Initiativen, mit denen sie neue Gesetze sowie Auskünfte oder Berichte verlangen können, von anderen Ratsmitgliedern mitunterzeichnen lassen.

Je grösser die Zahl der Mitunterzeichnenden, desto grösser das politische Gewicht eines Vorstosses. Von einem «Indikator der Kompromissbereitschaft» sprechen die Berner Politologen Marc Bühlmann, Anja Heidelberger und David Zumbach in einem Fachaufsatz zum Thema. Sowohl das Ersuchen um Unterschriften als auch die Mitunterzeichnung selbst zeigten «eine grundsätzliche Bereitschaft, gemeinsam Lösungen zu suchen», halten sie fest.

Kein anderes Mitglied des Nationalrats ist dabei so erfolgreich wie Nik Gugger. Das zeigt der Brückenbauer-Index, eine erstmals durchgeführte Auswertung von CH Media. Zur Halbzeit dieser Legislatur hat die Bundeshausredaktion mit Hilfe von Datenspezialisten die Vorstösse ausgewertet, die seit Dezember 2019 von Mitgliedern des Nationalrats eingereicht worden sind. Eingeflossen sind fast 2900 Motionen, Postulate, Interpellationen, Anfragen und parlamentarische Initiativen. Sie verzeichnen über 17 300 Mitunterzeichnungen.

Für jedes Ratsmitglied wurde zum einen ausgewertet, wie erfolgreich es für seine Vorstösse bei anderen Ratsmitgliedern um Unterschriften ersucht hat. Und zum anderen, wie oft es selbst Vorstösse anderer mitunterzeichnet hat. In den beiden Kategorien wurden Punkte vergeben. Je weiter die Beteiligten jeweils politisch auseinanderliegen, desto mehr Punkte gab's.

**Nik Gugger punktet mit seinen «blockfreien Vorstössen»**
Nationalrat Gugger führt die Liste mit 219 Punkten an. 120,5 Punkte erzielte er fürs «Ersuchen um Unterschriften», 98,5 für die «Mitunterzeichnung von Vorstössen». Wie der Zürcher im Ratsbetrieb arbeitet, zeigen einige seiner Vorstösse beispielhaft.

So organisierte Gugger für eine Motion eine breite Allianz, die einen besseren Schutz von Minderjährigen vor Pornografie verlangt. Zu den Mitunterzeichnenden zählen Grüne wie Regula Rytz, Albert Rösti aus der SVP oder FDP-Vertreter Christian Wasserfallen. Ähnlich ein Postulat, in dem es um die Stärkung der digitalen Kompetenzen in der Berufsbildung geht. Gleich 40 Ratsmitglieder von links bis rechts unterzeichneten den Vorstoss. Und Guggers Motion für «umweltverträgliche Zigarettenfilter» haben 32 Vertreter aller Couleur unterschrieben, Ökobewusste ebenso wie linke Präventionsförderer und rechte Suchtmittelskeptiker.

Es sind nicht die grossen Brocken, derer er sich annimmt. Aber die Eingaben von Nik Gugger sind wohldurchdacht. Schritt für Schritt baut er Allianzen. «Ein Vorstoss ist schnell eingereicht», sagt er. «Aber was bringt ein unüberlegter Schnellschuss?» Er selbst pflegt den Anspruch, Vorstösse einzureichen, die möglichst breit von links bis rechts getragen werden. Gugger sagt, er habe das Bild von «blockfreien Vorstössen» vor sich. Lösungsorientiert und ausbalanciert sollten sie sein, aber dennoch ein klares Ziel verfolgen. Um andere von seinen Ideen zu überzeugen, wendet er zuweilen viel Zeit auf; «vorwiegend von Angesicht zu Angesicht», das ist ihm wichtig.

Dass auf ihn seine Parteikollegin Marianne Streiff-Feller im Brückenbauer-Index folgt, ist kaum ein Zufall. Bei der «Mitunterzeichnung von Vorstössen» landet die Berner Nationalrätin mit 125 Punkten gar auf dem ersten Platz. Die EVP verfügt über ein einzigartiges Profil, das sie für unterschiedliche Lager anschlussfähig macht. In sozial- oder umweltpolitischen Fragen tickt sie links, in gesellschaftspolitischen konservativ.

## Politische Arbeit kennt kein Wochenende

Wie arbeitet Nik, um als Mitglied einer Kleinpartei im Bundesparlament erfolgreich zu sein? Wir illustrieren es am Beispiel seiner Motion für den Schutz Jugendlicher vor Pornografie im Internet.
Samstagmittag, 13.08.2022, 13.40 Uhr, sozusagen am ersten Wochenende nach den Sommerferien. Die Mitglieder des Ständerats, von Grün bis SVP, die in der Kommission für Verkehr und Fernmeldewesen (KVF) sitzen, erhielten ein Mail von Nik. Sie hatten am Montag, 15.08.2022, einen Gesetzgebungsauftrag an den Bundesrat, eine Motion von Nik, zu beraten. Die Motion mit der Nummer 20.3374 trägt den Titel und fasst die Forderung knapp zusammen: «unter 16-Jährige wirksam vor pornografischen Inhalten auf dem Internet schützen. (#banporn4kids#)».
Den parlamentarischen Vorstoss reichte er am 16.05.2020 im Nationalrat ein. 22 Mitunterzeichnende von Links bis Rechts, darunter viele politische Schwergewichte, unterstützten den Vorstoss. In der Grossen Kammer war Nik bereits erfolgreich, trotz des Antrags des Bundesrates, die Motion abzulehnen. Mit 109 gegen 66 Stimmen bei 11 Enthaltungen wird der Bundesrat am 09.05.2022 beauftragt, sofern der Ständerat auch zustimmt, «der Bundesversammlung die gesetzlichen Anpassungen vorzulegen, die Fernmeldedienstanbieter verpflichten, Zugangssperren über Anbieter zu verfügen, welche pornografische Inhalte im Sinne von Artikel 197 Absatz 1 StGB verbreiten, ohne hinreichende technische Vorkehrungen zum Schutz von Personen unter 16 Jahren zu treffen.»
Selbstverständlich hat Nik bereits vor den Ferien, in der Sommer- bzw. Juni-Session des Parlaments, in der eigenen Fraktionssitzung der Mitte, in den Parteigremien, in der Wandelhalle, im Café Fédéral des Bundeshauses sowie bei jeder sich bietenden Gelegenheit direkt oder indirekt – sozusagen

Politik

Bundesrat und Chef des Departements für auswärtige Angelegenheiten, Ignazio Cassis, mit Nik anlässlich einer Sitzung der Aussenpolitischen Kommission des Nationalrats 2019 in Basel.

Nationalrätin Christine Bulliard-Marbach und Nik besuchen am Rande einer Wahlbeobachtungs-Mission in Moldawien zu den Parlamentswahlen 2021 Vetropack Moldawien mit CEO Oleg Baban.

Nik auf einer OSZE-Mission zur Wahlbeobachtung 2018 in Jekaterinburg im Ural. Bei dieser Wahl ist Wladimir Putin erneut zum russischen Präsidenten gewählt worden.

über die Bande, mit der Bitte, Parteikolleginnen und -kollegen für das Pornografieverbot im Internet zu gewinnen – für seine Sache geworben. Nach dem Teilerfolg im Nationalrat muss die Motion auch noch vom Ständerat befürwortet werden, soll sie zum Ziel führen. Deshalb erhielten jene KVF-Mitglieder, die er bereits auf die Sache angesprochen hatte, ein Memo. Denn jetzt stand die Entscheidung bevor. Konkret schrieb Nik folgendes Mail an ausgewählte Ständerätinnen und Ständeräte der KVF:

> Der Nationalrat stimmte am 9. Mai 2022 mit einer Zweidrittelmehrheit – dank der geschlossenen Unterstützung unserer Fraktion – meiner Motion zu, die den Kindern und Jugendlichen zukünftig den hürdenfreien Zugang zu Online-Pornografie erschweren soll. In der Schweiz soll gemäss Art. 197 Abs. 1 StGB (Jugendschutzartikel) jede Person bestraft werden, die Pornografie an Jugendliche, die jünger als 16 Jahre sind, zugänglich macht. In Tat und Wahrheit gibt es jedoch keine Schutzmassnahmen.
>
> Websites wie Pornhub oder xHamster sind hürdenfrei und ohne wirksame Alterskontrolle zugänglich.
>
> Die Motion #banporn4kids# will, dass der Bundesrat eine geeignete Altersidentifikation einführt und ist kommenden Montag 15.08. in der KVF-Sitzung traktandiert.
>
> Warum eine Alterskontrolle:

- Es geht um die psychische und physische Gesundheit unserer Kinder und Jugendlichen.
- Diese Bilder brennen sich bei den Jugendlichen ein und geben ihnen einen verzerrten Zugang zur eigenen Sexualität.
- Prävention von Straftaten: Gemäss schweizerischer Kriminalprävention sind bis zu 50 Prozent der jugendlichen Sexualstraftäter exzessive Pornokonsumenten. Diese Jugendlichen konsumierten bereits sehr früh Pornografie und haben oft eine Vorliebe für Extremformen. Pornokonsum ist ein anerkannter Risikofaktor für eine verhaltensauffällige Entwicklung bei Jugendlichen.
- Gegen Sexismus: Gemäss Studien verstärkt Pornokonsum in jugendlichem Alter sexistische Denkmuster. Sie zeigen, dass es einen direkten Zusammenhang zwischen Pornokonsum bei Minderjährigen und missbräuchlichem Verhalten gegenüber Frauen gibt.

In Deutschland wurden die Netzwerke xHamster und Pornhub gesperrt (siehe untenstehende Links), weil sich die Seiten weigerten, eine vernünftige Alterskontrolle oder Hürde einzuführen.

Frankreich denkt ebenfalls über eine Möglichkeit nach, den Zugang zu diesen Seiten zu beschränken, da in Frankreich fast jedes dritte Kind mit 12 Jahren Pornografie gesehen hat. Der Bundesrat soll die hiesigen Netzbetreiber verpflichten, eine geeignete Altersidentifikation einzuführen. Technisch ist das durchaus machbar, wie die Netz- und Telekommunikationsbetreiberinnen wissen (beispielsweise über eine SMS-Freischaltung oder einer Paywall). Somit wären auch keine Netzsperren nötig, wie es nun Deutschland anwendet.
Für die Berücksichtigung meines Anliegens danke ich euch sehr.

Ich bitte euch, wie der Nationalrat zu stimmen und den Bundesrat in die Verantwortung zu nehmen.

Bei offenen Fragen ruft mich ungeniert an.
Franz.-Version ging an AB und CD.

Nun wünsche ich euch ein entspanntes und sonniges Wochenende.
Herzliche Grüsse
Nik

Weiterführende Links:

- Situation in Deutschland und Frankreich: https://www.neonmag.fr/lallemagne-banni-les-sites-pornographiques-pornhub-et-xhamster-556839.html
- Public Health: https://www.20min.ch/story/nationalrat-will-porno-sperre-fuer-minderjaehrige-436935625873
- Gesundheit der Jugendlichen: Expertin: Konsum von Online-Pornografie ist für Kinder «eine Art von Missbrauch», Medienanstalt Mecklenburg-Vorpommern, Pressemitteilung – lifePR
- Prävention von Straftaten: Schweizerische Kriminalprävention | Illegale Pornografie (skppsc.ch)
- Gegen Sexismus: Früher Pornokonsum fördert sexistische Denkmuster (safersurfing.org)

Anders würde es ein professioneller Lobbyist nicht machen, wenn er das Terrain für ein politisches Anliegen vorbereiten möchte. Gerade nach den Sommerferien war es wichtig, die Parlamentskolleginnen und -kollegen mit den wichtigsten Überlegungen und Argumenten zu bedienen. Der Hinweis, ihn ungeniert anrufen zu können – auch am Wochenende –, signalisiert zudem seine Bereitschaft, sich jederzeit für sein Anliegen einzusetzen. Die angefügten Links verweisen auf die gesellschaftliche Breite und die internationale Bedeutung des Anliegens, das Nik mit seiner Motion anspricht bzw. bekämpfen will.

## Solidarität für die Ukraine

Es war ein Kantengang, der kurze Besuch von Nationalratspräsidentin Irène Kälin, begleitet von einer kleinen Parlamentsdelegation, Ende April 2022 in Kiew. Die Befürworter sahen darin eine Solidaritätsaktion mit dem von Russland überfallenen Land. Die Kritiker wähnten die Nationalratspräsidentin mit ihrer Reise in den Diensten des Medienhauses Ringier (Blick TV, Blick) und sahen darin eine PR-Aktion in eigener Sache. Nik war Mitglied der politischen Reisegruppe. Sie bestand neben der Nationalratspräsidentin zudem noch aus den beiden Nationalräten Roger Nordmann, SP-Fraktionschef, und Yves Nidegger (SVP).
Gegenüber der Nachrichtenagentur Nau.ch gab er am 28. April 2022 Auskunft (nau.ch, besucht 14.08.2022) und bezeichnete die Kiew-Reise als «beklemmendes Erlebnis». Bereits im Jahr 2021, vor dem Ukraine-Krieg, besuchte er das Land. «Nun haben wir im gleichen Restaurant gegessen. Es war gespenstisch – wie die Ruhe vor dem Sturm, weil im Moment keine Bomben fallen. […] Im lange umkämpften Vorort Irpin sind wir vom Gemeindepräsidenten informiert worden.» Nik empfand die Menschen trotz

## *Der Krieg in der Ukraine betrifft auch unsere Sicherheit.*

der bedrückenden Situation im Land als «unglaublich nett». Organisiert worden war die Reise durch den seit Sommer 2018 in der Schweiz akkreditierten ukrainischen Botschafter Artem Rybchenko und die Rada, das ukrainische Parlament. «Ich fühlte mich grundsätzlich immer sicher.»
Auf die politische Bedeutung der Reise angesprochen, meinte Nik: «Neutralitätspolitisch bin ich seit der Reise hin- und hergerissen und habe noch keine abschliessende Haltung.» Er verstehe den Bedarf nach Waffen und Munition aus der Schweiz. «Aber: Die Bitten, die ich hörte, war jene nach Schutz für die Zivilbevölkerung und die kämpfenden Soldaten.» Für Nik ist wichtig, «aus erster Hand und vor Ort Informationen abzuholen, hinzuschauen und den Leidenden Anteilnahme zu zeigen.» Unmittelbar nach der Rückkehr in die Schweiz war für ihn klar: «Der Krieg in der Ukraine betrifft auch unsere Sicherheit.»
Kurz nach Ausbruch des Ukraine-Krieges organisierte er, wie andere auch, ein eigene Supportaktion. Mit den erreichten CHF 116 000 wurden drei Hilfsaktivitäten unterstützt: die Betreuung der Flüchtlinge an der polnisch-ukrainischen Grenze durch das polnische Rote Kreuz, eine Direkthilfe über den ukrainischen Botschafter sowie eine Unterstützung für ukrainische Kriegswaisenkinder in Moldawien. Im März 2022 engagierte er sich dafür, dass die Schweiz im Rahmen einer humanitären Aktion Schutzwesten für ukrainische Kinder zur Verfügung stellt und liefert. Um eine solche Hilfe hatte der Botschafter der Ukraine, Artem Rybchenko, gebeten. Er machte Nik, mit dem er seit langer Zeit im Austausch steht, darauf aufmerksam, dass in den ersten Kriegswochen über 100 Kinder in der Ukraine erschossen worden seien (vgl. Aargauer Zeitung, 14.03.2022, Das solidarische Parlament).

Der ukrainische Botschafter in der Schweiz, Artem Rybchenko, und Nik auf dem Militärflugplatz Kiew-Gastomel, vor einer am zweiten Kriegstag, 25. Februar 2022, zerbombten Antonov (grösstes Transportflugzeug). Das Foto entstand im Rahmen des Besuchs mit Nationalratspräsidentin Irène Kälin in Kiew Ende April 2022.

*Dass die Nato das Kriegsbeil auch ausgräbt, glaube ich nicht, solange kein Nato-Staat angegriffen wird.*

Im Sommer 2022 wurde er von 20 Minuten zu jener Gruppe von Nationalräten gezählt, die sich für «Härte gegenüber Russland» und Dialog gegenüber Russland aussprachen. «Keinen Dialog finde ich nicht den richtigen Weg, damit Frieden jemals wieder Realität wird», erklärte er gegenüber 20 Minuten (30.06.2022). Er zeigte Verständnis für die Beschlüsse zur Nato-Aufrüstung aufgrund der neuen, gefahrvollen Situation. Ebenso für die Verlegung von schweren Waffen nach Polen und ins Baltikum, die Erweiterung der Nato um Schweden und Finnland sowie ihre verschärfte Rhetorik, die Russland seit dem Nato-Gipfel in Madrid als «Feind» und «grösste Bedrohung» für die Sicherheit und Stabilität im euro-atlantischen Raum bezeichnete. Es brauche von der Nato «klare Antworten auf die neue Bedrohungslage», sagte er. Und er fügte hinzu: «Dass die Nato das Kriegsbeil auch ausgräbt, glaube ich nicht, solange kein Nato-Staat angegriffen wird.»
Hoffnung und Hilfe, das sind die Pole, zwischen denen sich der Aussenpolitiker Nik bewegt. Eine Art Schwebezustand, in dem sich die meisten Schweizer Politiker derzeit (Sommer/Herbst 2022) bewegen müssen. Ergeben will er sich diesem Zustand aber nicht. Deshalb engagiert er sich zusammen mit dem ukrainischen Botschafter weiter für dessen Land. So organisierte er gemeinsam mit der FDP-Nationalrätin Christa Markwalder im September 2022 im Bundeshaus ein Ukraine-Forum der parlamentarischen Gruppe Schweiz-Ukraine. Die Hoffnung auf ein Kriegsende und einen Frieden bleiben und treiben Nik weiter an.

Politik

Treffen mit dem Präsidenten des ukrainischen Parlaments, Ruslan Stefantschuk, im April 2022. Nik begleitete Nationalratspräsidentin Irène Kälin bei der ersten Reise einer Schweizer Politik-Delegation nach dem Überfall Russlands in die Ukraine.

# Thomas Karlen, wer ist Nik?

**Wie und warum ist Dir Nik aufgefallen?**
Nik hat eine spannende Lebensgeschichte, die mir bereits aufgefallen war, bevor ich ihn zum ersten Mal persönlich traf. Unsere erste Begegnung war dann zufällig an einer Sportveranstaltung und führte gleich zu einem mehrstündigen, sehr intensiven Gespräch. Das war doch eher ungewöhnlich.

**Wer ist Nik für Dich?**
In erster Linie ein Freund und äusserst sympathischer Mensch. Erst dann der Politiker und soziale Unternehmer, der aus Überzeugung handelt.

**Welche Eigenschaften werden Nik Deiner Meinung nach zugeschrieben?**
Nik ist superintuitiv und wertorientiert und dazu unglaublich vielseitig und ausdauernd. Keine Ahnung, woher er die Energie nimmt.

**Was sind Niks Schwächen, was nervt?**
Wenn du sein Getränk «Zingi» magst, hast du bei Nik trotzdem einen schweren Stand.

**Nik sagt von sich, Menschen «empowern» zu wollen. Gelingt ihm das Deiner Meinung nach? Wie macht er das?**
Nik lebt vor, dass man sich für Dinge engagieren muss, wenn man etwas erreichen will. Das hat etwas Ansteckendes.

*Wenn du sein Getränk «Zingi» magst, hast du bei Nik trotzdem einen schweren Stand.*

**Erkennst Du im unternehmerischen oder politischen Handeln von Nik Leitideen, Konstanten, Grundmuster? Welche?**
Nik nimmt sein Gewissen als Nordstern seiner Politik und eckt damit auch an.

**Wie siehst oder erlebst Du das Engagement von Nik für Indien?**
Ich denke, sein Ehrendoktor-Titel der indischen Universität KIIT für sein humanitäres Engagement spricht für sich.

**Nik wurde 2021 in einer Studie der CH Media als wichtigster «Brückenbauer» im Bundeshaus bezeichnet. Hast Du ihn auch schon als «Brückenbauer» erlebt (wann, wo, wie)?**
Ein guter Brückenbauer ist er definitiv, da irren sich die Medien der CH Media-Gruppe nicht.

**Eine Stärke von Nik, so sagen viele, sei es, die verschiedensten Leute für eine Sache gewinnen und vernetzen zu können. Wie schafft er das?**
Wenn Nik von einer Sache überzeugt ist, dann ist er auch sehr überzeugend.

**Welche Bedeutung hat Nik in Deinen Augen als Politiker?**
Eine zunehmend wichtige, obschon seine Partei im Rat keine Fraktionsstärke hat. Es gelingt Nik jedoch, überparteiliche Allianzen zu schmieden. Das ist anspruchsvoll und kann den Unterschied ausmachen.

*Nik nimmt sein Gewissen als Nordstern seiner Politik und eckt damit auch an.*

**Welche Bedeutung hat Nik in Deinen Augen als Unternehmer?**
Das kann ich zu wenig beurteilen. Er ist auf jeden Fall auch da ein sehr guter Verkäufer.

**Was wolltest Du zu Nik noch sagen?**
Für all seine Unternehmungen und Bestrebungen wünsche ich ihm weiterhin viel Erfolg.

---

**Thomas Karlen,** 1972, Leiter Public Affairs bei Swisscom, Dipl. Betriebswirtschafter HF. Karlen ist verheiratet, Vater eines 16-jährigen Sohnes und wohnt in Muri bei Bern.

Politik

# Patrick Krauskopf, wer ist Nik?

**Wie und warum ist Dir Nik aufgefallen?**
Nik bewegt sich mit einer beneidenswerten Leichtigkeit im Dreieck Politik – Wirtschaft – Werte. Und er «produziert» Lösungen! Das Phänomen Gugger ist für mich als ehemaliger WEKO-Vizedirektor und heutiger Professor für faires Wirtschaftsrecht und Rechtsanwalt ein Segen.

**Wer ist Nik für Dich?**
Nik ist Freund und Partner – und gegenseitiger Mentor.

**Welche Eigenschaften werden Nik Deiner Meinung nach zugeschrieben?**
Verlässlich, wertebasiert, Macher-Typ.

**Was sind Niks Schwächen, was nervt?**
Seine irre Geschwindigkeit – ein Ferrari an Ideen und Innovationen.

**Nik sagt von sich, Menschen «empowern» zu wollen. Gelingt ihm das Deiner Meinung nach? Wie macht er das?**
Ja, ohne Zweifel. Ich spüre es überall dort, wo ich mit ihm arbeitet darf – von der Stiftung KMU-Rechtsdurchsetzung zu Anliegen im Kfz-Gewerbe bis hin zur Kooperation an der Fachhochschule ZHAW in seiner Heimatstadt Winterthur. Jedes Mal, wenn Nik an der ZHAW eine Key Note hält, geht ein Energie-Tsunami durch die Aula.

**Erkennst Du im unternehmerischen oder politischen Handeln von Nik Leitideen, Konstanten, Grundmuster? Welche?**

Guggers Rezept: I) ergebnisoffenes Brainstorming; II) Entscheid Ja/Nein; III) zielgerichtete Umsetzung; IV) Erfolg als Team. Es macht Spass, mit einer solchen Persönlichkeit zusammenarbeiten zu dürfen.

**Wie siehst oder erlebst Du das Engagement von Nik für Indien?**
Vorbildlich, mit Augenmass für das Machbare und vor allem ein Win-Win für die Schweiz und Indien. Das schweizerisch-indische Engagement von Nik ist Ausfluss seiner herausragenden interkulturellen Kompetenzen. Seine Fähigkeit, sich in andere Kulturen «einfühlen» zu können, erleichtert es, erfolgreiche Projekte für unser Land zu verwirklichen. Dank Nik konnte die ZHAW eine Kooperation mit einer Universität in Indien eingehen. In diesem Forschungsprojekt profitieren die Schweiz und Indien vom Austausch und von den Ergebnissen.

**Nik wurde 2021 in einer Studie der CH Media als wichtigster «Brückenbauer» im Bundeshaus bezeichnet. Hast Du ihn auch schon als «Brückenbauer» erlebt (wann, wo, wie)?**
Ja, und zwar lange bevor die Medien dies erkannt haben. Er hat die Mechanismen einer auf Konsens basierten Entscheidfindung, bei klarer Ablehnung extremer Positionen, verinnerlicht wie kein anderer. Es ist seine DNA. Darauf bauen wir etwa wie bei der Motion Gugger zum Schutz des Kfz-Gewerbes, wenn es um faire Wettbewerbsbedingungen für unsere KMU geht.

**Eine Stärke von Nik, so sagen viele, sei es, die verschiedensten Leute für eine Sache gewinnen und vernetzen zu können. Wie schafft er das?**
Er interessiert sich für Menschen und ihre Bedürfnisse. Das spüren alle, die mit ihm sprechen.

**Welche Bedeutung hat Nik in Deinen Augen als Politiker?**
Seine Haltungen sind nicht nur wohltuend, sondern wesentlich in einer Zeit, in der extreme politische Positionen Konjunktur haben und der Geist des Miteinanders es immer schwerer hat.

**Welche Bedeutung hat Nik in Deinen Augen als Unternehmer?**
Als Unternehmer weiss er, was es heisst, täglich im Wettbewerb zu stehen. Nik weiss, dass offene Märkte unseren Wohlstand erst ermöglicht haben. Ohne solide Beziehungen zu unseren wichtigsten Handelspartnern werden wir viel verlieren. Diese unternehmerische Einsicht kann Nik in Bundesbern wunderbar in eine politische Sprache übersetzen.

**Was wolltest Du zu Nik noch sagen?**
Wieso nicht mal in eine Exekutive?

---

**Patrick L. Krauskopf, Prof. Dr. LL.M. Harvard,** ist Rechtsanwalt in Zürich und New York. Er hatte während seiner 11-jährigen Tätigkeit bei der Wettbewerbskommission (WEKO), zuletzt als Vizedirektor und Leiter der Abteilung Produkte & Industrie die Federführung für die Revision des Kartellgesetzes inne. Während seiner WEKO-Zeit war er zudem Dozent an der Zürcher Hochschule für angewandte Wissenschaften (ZHAW) und übernahm im Jahr 2009 die Leitung des Zentrums für Wettbewerbs- und Handelsrecht. Seit 2014 ist er Chairman von AGON PARTNERS, der in der Schweiz führenden Kartellrechtskanzlei. Er ist Lehrbeauftragter an mehreren Universitäten und Fachhochschulen in der Schweiz und im Ausland und publiziert regelmässig Fachbeiträge zum Wettbewerbsrecht.

# Anaël Jambers, wer ist Nik?

**Wer ist Nik für Dich?**
Nik ist als Vizepräsident der EVP in der Geschäftsleitung. So ist er indirekt mein Vorgesetzter.

**Welche Eigenschaften werden Nik Deiner Meinung nach zugeschrieben?**
Nik ist ein begabter Netzwerker. Er hat keine Angst, auf Menschen zuzugehen, die seine Meinung nicht teilen. Er schätzt und respektiert Menschen unabhängig von ihrer gesellschaftlichen Stellung oder politischen Einstellung. Viele Politiker sind gute Netzwerker, das gehört zur Job description. Was bei Nik anders ist, ist, dass er sein Netzwerk für die Unterstützung Dritter zur Verfügung stellt. Er vernetzt auch andere Menschen miteinander und nutzt sein Netzwerk, um Dritten zu helfen – ohne, dass für ihn etwas zurückkommt.

**Was sind Niks Schwächen, was nervt?**
Seine Agenda.

**Nik sagt von sich, Menschen «empowern» zu wollen. Gelingt ihm das Deiner Meinung nach? Wie macht er das?**
Ja. Er glaubt, dass andere Menschen würdig und fähig sind. Sein Glaube in andere Menschen wirkt stark motivierend. So kann er darin ein Vorbild sein. Nik arbeitet mit Instinkt – gegenüber Menschen und Ideen. Viele seiner politischen Vorstösse werden nicht anhand von dogmatischen Ideen entworfen. Er «spürt», welches Potenzial eine Idee haben kann. Gleichzeitig hat er die Gabe, Menschen zu stärken, sodass sie ihre eigenen Ideen verwirklichen.

**Erkennst Du im unternehmerischen oder politischen Handeln von Nik Leitideen, Konstanten, Grundmuster? Welche?**
Er ist nicht hochmütig. Für einige Projekte findet er unterstützende Kräfte, für andere nicht. Falls etwas nicht klappt, geht er nicht in Selbstmitleid auf, sondern schafft es, mit tiefem Durchschnaufen und neuer Kraft den Blick auf die Zukunft zu richten. Wenn er aber das Gefühl hat, dass eine Idee Zukunft hat, arbeitet er unermüdlich für das Gelingen dieser Idee. Mit viel Kreativität knüpft er Personen und Ideen zusammen, bis ihm das Projekt gelingt. Da kann er sehr hartnäckig sein. Nik hat eine grosse Geduld, langsam, aber bestimmt für Veränderung zu kämpfen und seine Visionen langfristig durchzusetzen. Er ist weise in seinem Vorgehen, indem er im Dialog und im Gebet seine strategischen Entscheidungen trifft. Spannend fand ich auch zu sehen, wie er eigene Überzeugungen nach langem Ringen für das Wohl des Ganzen auf die Seite legen konnte. Dies geschah zwar zähneknirschend und doch überlegt. Seine Loyalität gegenüber dem Team und der Partei sind bewundernswert.

**Wie siehst oder erlebst Du das Engagement von Nik für Indien?**
Sein Engagement ist vielfältig. Während der Corona-Pandemie hat er in kürzester Zeit ein Hilfsprojekt in Indien auf die Beine gestellt. Gleichzeitig ist er in den vielen Expat Communities in der Schweiz bekannt und geschätzt – sei es im gastronomischen oder diplomatischen Bereich.

**Nik wurde 2021 in einer Studie der CH Media als wichtigster «Brückenbauer» im Bundeshaus bezeichnet. Hast Du ihn auch schon als «Brückenbauer» erlebt (wann, wo, wie)?**
Durchaus. Er hat die Gabe, bei Konflikten zu wissen, wo er um etwas kämpfen soll und wo er als beschwichtigende Kraft eintreten kann.

**Eine Stärke von Nik, so sagen viele, sei es, die verschiedensten Leute für eine Sache gewinnen und vernetzen zu können. Wie schafft er das?**
Ein zusätzlicher Trumpf ist, dass er keine Angst hat. Er hat keine Angst vor Menschen, die anders sind. Er hat keine Angst zu stürzen und umgehauen zu werden, da er weiss, dass er wieder aufstehen wird.

**Welche Bedeutung hat Nik in Deinen Augen als Politiker?**
Für mich ist er ein Vorbild, weil er stark seinen Instinkten folgt und gleichzeitig geduldig seine visionäre Sicht einer offenen, solidarischen, zukunftsgerichteten Partei verfolgt.

**Welche Bedeutung hat Nik in Deinen Augen als Unternehmer?**
Diese Seite von Nik kenne ich weniger. «Zingi» gibt es nun auch in meiner Migros …

**Was wolltest Du zu Nik noch sagen?**
Es würde mich freuen, wenn er wieder einmal Zeit hätte zum Käfele. Und ihm gehört ein grosses Merci.

---

**Anaël Jambers** ist wissenschaftliche Mitarbeiterin bei der EVP und arbeitet in dieser Funktion eng mit Nik zusammen. Sie ist professionelle Mediatorin und hat 2020 ihre Firma Trijalog GmbH gegründet. Trijalog hilft Organisationen und Einzelpersonen bei der Lösung von Konflikten und begleitet Veränderungsprozesse. Zusätzlich spezialisierte sie sich im Umgang mit der spirituellen Dimension in Konflikten. Sie versteht sich als Aktivistin für Frieden und Dialog und engagiert sich international gegen Folter und Gräueltaten. Als Ethnologin hat sie eine Leidenschaft für Fragen, die Verhandlungen zwischen Religion, Staat und Gesellschaft betreffen und Wege zur Versöhnung eröffnen.

# Suzanne Oberer-Kundert, wer ist Nik?

**Wie und warum ist Dir Nik aufgefallen?**
Nik ist ein Suchender – auf der Suche nach Allianzen für seine Anliegen. Die Rettung der Biodiversität ist eine davon.

**Wer ist Nik für Dich?**
Nik ist ein Pfadfinder – allzeit bereit – und politischer Wegbereiter für Anliegen des Natur- und Vogelschutzes.

**Welche Eigenschaften werden Nik Deiner Meinung nach zugeschrieben?**
Nik hat keine Berührungsängste, er führt Menschen zusammen.

**Was sind Niks Schwächen, was nervt?**
Nik lässt nicht locker – ohne seine Lockerheit zu verlieren.

**Nik sagt von sich, Menschen «empowern» zu wollen. Gelingt ihm das Deiner Meinung nach? Wie macht er das?**
Niks Optimismus und Urvertrauen zündet Funken, die zum Leuchten kommen.

**Erkennst Du im unternehmerischen oder politischen Handeln von Nik Leitideen, Konstanten, Grundmuster? Welche?**
Nik spricht das Gute in den Menschen an, ohne ein Prediger zu sein.

**Wie siehst oder erlebst Du das Engagement von Nik für Indien?**
Nik gibt den Menschen Hoffnungen und erbringt den Tatbeweis, dass sie nicht vergessen werden.

**Nik wurde 2021 in einer Studie der CH Media als wichtigster «Brückenbauer» im Bundeshaus bezeichnet. Hast Du ihn auch schon als «Brückenbauer» erlebt (wann, wo, wie)?**
Nik bringt unsere BirdLife-Biodiversitätspolitik ins Parlament.

**Eine Stärke von Nik, so sagen viele, sei es, die verschiedensten Leute für eine Sache gewinnen und vernetzen zu können. Wie schafft er das?**
Niks Name ist bereits eine Brücke für BirdLife: Gugger. Auch dieser legt gerne seine Eier in fremde Nester.

**Welche Bedeutung hat Nik in Deinen Augen als Politiker?**
Nik zeigt, wie idiotisch unser Links-Rechts-Schema ist – und wie viel damit verhindert wird.

**Welche Bedeutung hat Nik in Deinen Augen als Unternehmer?**
Nik schafft es, die Interessen einer Firma und diejenigen der Menschen in Einklang zu bringen.

**Was wolltest Du zu Nik noch sagen?**
Nik schafft Brunnen für durstige Menschen, besonders für diejenigen, die abseits der Hilfsleistungen stehen.

---

**Suzanne Oberer-Kundert,** 1954, in der Innerschweiz und Deutschland aufgewachsen, kehrte sie für die Ausbildung in die Region Basel zurück und ist dort hängen geblieben. Beruflich, gesellschaftlich und politisch war und ist sie engagiert als Kindergärtnerin, Familienfrau, seit 1983 Aktivistin und Vorstandsmitarbeit beim VCS. Seit 30 Jahren bei Bird-Life, davon 20 im Kantonalverband Baselland, heute Präsidentin BirdLife Schweiz.

Politik

# Reto Stamm, wer ist Nik?

**Wie und warum ist Dir Nik aufgefallen?**
Ich kenne Nik schon bald seit 30 Jahren, damals haben wir uns sofort sehr gut verstanden.

**Wer ist Nik für Dich?**
Nik ist für mich eine sprudelnde Energiequelle. Bei ihm kann man immer auftanken.

**Welche Eigenschaften werden Nik Deiner Meinung nach zugeschrieben?**
Kontaktfreudig, hilfsbereit, ein richtiger Herzensmensch.

**Was sind Niks Schwächen, was nervt?**
Ich kenne keine Schwächen bei Nik. Höchstens, dass er immer allen helfen will, aber das ist ja eigentlich positiv.

**Nik sagt von sich, Menschen «empowern» zu wollen. Gelingt ihm das Deiner Meinung nach? Wie macht er das?**
Ich denke schon, dass ihm das gelingt, aber vielleicht sollte auch er sich mal etwas entpowern lassen und ein wenig Ruhe in sich suchen.

**Erkennst Du im unternehmerischen oder politischen Handeln von Nik Leitideen, Konstanten, Grundmuster? Welche?**
Politisch bin ich nicht aktiv. Meine Partei gibt es nicht, weil ich viele Meinungen vertrete. Leitideen habe ich in den letzten Jahrzehnten von niemandem übernommen, die mache ich mir selbst. Aber auch hier bietet Nik immer wieder Ideen.

**Wie siehst oder erlebst Du das Engagement von Nik für Indien?**
Da kann ich nicht mitreden, kenne es zu wenig.

**Nik wurde 2021 in einer Studie der CH Media als wichtigster «Brückenbauer» im Bundeshaus bezeichnet. Hast Du ihn auch schon als «Brückenbauer» erlebt (wann, wo, wie)?**
Ja klar, Nik ist ein Brückenbauer. In dieser Hinsicht habe ich mit ihm schon viel erlebt. Bei Corona für mein Geschäftsmodell beispielsweise. Oder bei einer Finanzierung als Vermittler für gute Hypotheken.

**Eine Stärke von Nik, so sagen viele, sei es, die verschiedensten Leute für eine Sache gewinnen und vernetzen zu können. Wie schafft er das?**
Er ist sehr direkt und packt das Problem an der Wurzel. Natürlich ist Nik auch ein sehr guter Kommunikator und Redner. Er kann sich überzeugend ausdrücken.

**Welche Bedeutung hat Nik in Deinen Augen als Politiker?**
Als Mitglied einer kleinen Partei, die wenig Gewicht hat, kann er sich als sehr guter Brückenbauer eingeben und so als Politiker gut und erfolgreich sein.

Politik

**Welche Bedeutung hat Nik in Deinen Augen als Unternehmer?**
Nik ist für mich ein sehr seriöser und grosszügiger Unternehmer.

**Was wolltest Du zu Nik noch sagen?**
Von mir braucht er kein zusätzliches Lob. Ich lobe ihn ständig. Er ist einer der besten Menschen, die ich kenne. Immer hat er Zeit und das Herz am richtigen Fleck.

---

**Reto Stamm,** 1962, bezeichnet sich als unkomplizierten, aufgeschlossenen und aufgestellten Mensch, der gerne Kontakte pflegt und sich gerne mit Gleichgesinnten unterhält. Er ist ein Familienmensch, dem seine Frau und die beiden Kinder das höchste Gut sind. In der Freizeit geniesst er Sport (Ski, Velo, Schwimmen, Wandern) und öfters auch das Nichtstun. Seit 30 Jahren führt der Detailhandelskaufmann in Winterthur das eigene Sportgeschäft Total Sport.

# Schluss

*«Ich bin der Allein-Manager meiner selbst.»*

# Zukunft träumen

Statt eines Schlussworts ein paar träumerische Zukunftsgedanken. Denn in meinem Leben habe ich gelernt, meinem Herzen und meinen Träumen ebenso zu vertrauen wie meinem Verstand.

«Menschen sind zu einem erstaunlichen Trick in der Lage: Sie können Realitäten erschaffen, indem sie sie zunächst in ihrem Bewusstsein erfahren. Als Martin Luther King sagte ‹I have a dream›, lud er andere dazu ein, den Traum mit ihm zu träumen. Wird ein Traum in dieser Weise geteilt, wird die aktuelle Realität daran gemessen und dann in diese Richtung verändert. [...] Der Traum wird zu einer unsichtbaren Kraft, die uns vorwärts zieht. Durch diesen Prozess wird er Wirklichkeit. Etwas zu imaginieren, macht es real.»

Der britische Komponist, Musiker und bildende Künstler Brian Eno (*1948) formuliert diese Gedanken im Text «The Big Here and the Long Now» auf der Webseite der 1996 gegründeten The Long Now Foundation.

Eno will uns sagen, dass die Zukunft auch aus Träumen entsteht, die wir realisieren. Durch unsere Träume sind wir in einer Art geistigen, antizipierenden Schleife mit der Zukunft verbunden. Aufgrund von Zukunftsträumen gestalten wir die Welt. Die meisten Menschen stellen sich die Zukunft jedoch anders vor. Es ist das, was von aussen auf uns zukommt.

*Als Martin Luther King sagte «I have a dream», lud er andere dazu ein, den Traum mit ihm zu träumen.*

Auch wenn wir in die Zukunft starten wollen, so benötigen wir auch Trost, um die Widrigkeiten und den Schmerz des gegenwärtigen Lebens zu leben. Wer spendet mir Trost? Diese Frage begleitet mich seit jeher. Antworten fand ich verschiedene – in einem Lied, bei einem Menschen, einem Tier, im Vertrauen ins Leben, im Glauben.

Von der Erfahrung, getröstet worden zu sein, hängt es ab, ob und wie jemand in seinem Leben Trost findet, wenn etwas schmerzt, wenn ein Misserfolg, wenn eine Missachtung, wenn eine Enttäuschung, wenn ein Liebeskummer oder eine Trennung den Lebensweg kreuzt. Menschen scheinen unter allen Lebewesen jene zu sein, die am meisten des Trostes bedürfen. Eine Besonderheit, die mit ihrer Seele, ihrem Geist und ihren Gefühlen zu tun haben muss, wie mir scheint.

Menschen sind mehr als andere Lebewesen imstande, die Differenz zwischen der Wirklichkeit des Lebens und seinen Möglichkeiten wahrzunehmen. Sie können erkennen, dass nicht alles, was möglich ist, wirklich wird. Sie erfahren, dass selbst das, was wirklich wird, selten den Möglichkeiten entspricht. Trost verlangt den schmerzlichen Abschied von einer liebgewordenen Wirklichkeit, die man zugunsten neuer Möglichkeiten hinter sich lässt. Trost verlangt den Abschied von vermeintlichen oder tatsächlichen Möglichkeiten, auf die man zugunsten einer bestimmten Wirklichkeit bewusst verzichtet – oder weil man den Mut zu erforderlichen Veränderungen nicht aufbringt.

Das Bedürfnis nach Trost, so scheint mir, hat immer göttliche und feinstoffliche Dimensionen, um neue Energie und neuen Mut für neue Lebenslust und Lebenskraft zu finden. Ich finde Trost in meinem persönlichen Glauben. Darin gewinne ich immer wieder neues Vertrauen in mich und andere, in das Leben und die Welt. So werde ich vom Trost, erwachsen aus einem Schmerz, abgeholt für ein Ja zu neuen Aufgaben oder gar Abenteuern.

Schluss

Immer wieder bricht Nik zu neuen Ufern auf. Von nichts lässt er sich aufhalten, weder von der rauen See in der Welt noch von heraufziehenden Gewitterwolken am Brienzersee.

Danke Anasuya, dass du mir in den ersten neun Monaten meines Lebens diese Lebensfreudekraft gegeben hast. Auch wenn du mich nach der Geburt freigegeben hast und wir uns auf dieser Erde nie physisch begegnet sind, hat mich diese Widrigkeit und Realität zu dem gemacht, was ich heute bin. Carpe diem.

*Nik Gugger*

PS: Einmal mehr rufe ich Ihnen zu: «Hallo Zukunft». Ich freue mich über jede Rückmeldung und Ihre Gedanken zur Ermächtigung, zum Trost, zum Träumen und Arbeiten für unsere Zukunft. info@nikgugger.ch

Schluss

# Nik Gugger – Lebenslauf

Von Kindheit an schlug sein Herz für die Indianer und für die Pioniere dieser Erde. Dabei befasste er sich sehr stark mit den Menschen und ihren naturgegebenen Gaben.

Als Sozialunternehmer bringt er nebst seinem Pioniergeist diverse Ausbildungen im Bereich Leadership, Kommunikation, Organisationsentwicklung und Management sowie ein internationales Netzwerk in seine Beratungen ein.

Sein Spezialgebiet ist das Aufspüren des in Menschen und Firmen schlummernden Potentials, um dieses zu fördern, zu energetisieren und dann im Markt optimal zu positionieren. Als Coach und Nationalrat hat er mit offenem Ohr und Unternehmergeist schon zahlreiche Projekte in Wirtschaft, Bildung, Politik und der reformierten Landeskirche Zürich (fabrikkirche.ch) lanciert. Er gibt seine Erfahrungen im Umgang mit Menschen und Wirtschaft gerne weiter.

Als Mitglied der Aussenpolitischen Kommission und Präsident der parlamentarischen Arbeitsgruppe Schweiz-Indien verfügt er über exzellente Beziehungen zum indischen Subkontinent.

Nik Gugger ist seit 1994 verheiratet und hat drei Kinder.

In der Freizeit ist er gerne Gastgeber und träumt von einem eigenen Hotel. Ein Restaurant hat er schon.

Von 2003 bis 2018 leitete Nik Gugger die Fabrikkirche Winterthur, eine von der evangelisch-reformierten Kirche des Kantons Zürich und dem reformierten Stadtverband Winterthur finanzierte Jugendkirche. Dem Rücktritt von Nik Gugger ging ein Zerwürfnis zwischen der Fabrikkirche und der evangelisch-reformierten Kirche des Kantons Zürich voraus, das in der Kündigung des Leistungsvertrages mit der Fabrikkirche endete.

Für das Versicherungsunternehmen Elvia war Gugger in verschiedenen Teilen der Welt im Einsatz, um Reisende sicher nach Hause zu bringen, so auch in Thailand nach dem Tsunami vom 26. Dezember 2004.

Im indischen Thalassery ist Gugger für das Hilfswerk der Gundert-Stiftung zuständig, das sich für eine moderne Ausbildung für Kinder aller Kasten einsetzt.

Nik Gugger ist nebenberuflich Mitgründer und Verwaltungsrat des Beratungsunternehmens Herzkraftwerk AG in Winterthur, das Coachings für Entscheidungsträger aus Wirtschaft und Non-Profit-Organisationen anbietet. Er gehört ferner zu den Gründern des 1998 aufgeschalteten unabhängigen Internetportals jugendarbeit.ch. Ausserdem ist er Vize-Präsident der Umweltorganisation BirdLife Schweiz.

Nik Gugger ist Inhaber des Winterthurer Restaurants Concordia und vertreibt auch sein eigenes alkoholfreies Ingwer-Getränk namens «Zingi» sowie den Ingwer-Wein «Ginger».

Im Zuge der Covid-19-Pandemie lancierte Nik Gugger eine Fundraising-Kampagne, um in Odisha, Indien, den Erwerb von Beatmungsgeräten zu ermöglichen.

Schluss

 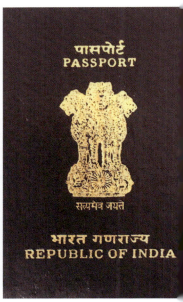

Nik wurde am 17. November 2017 zusammen mit anderen nachrutschenden Kolleginnen und Kollegen als Nationalrat vereidigt. Neben dem Schweizer besitzt er auch den Pass der Republik Indien – sein Geburtsland.

Der «politische Brückenbauer» Nik auf einer Schiffsbrücke in Iseltwald am Brienzersee.

## Impressum

Alle Angaben in diesem Buch wurden von der Autorenschaft nach bestem Wissen und Gewissen erstellt und von ihr und dem Verlag mit Sorgfalt geprüft. Inhaltliche Fehler sind dennoch nicht auszuschliessen. Daher erfolgen alle Angaben ohne Gewähr. Weder die Autorenschaft noch Verlag übernehmen Verantwortung für etwaige Unstimmigkeiten.

Alle Rechte vorbehalten, einschliesslich derjenigen des auszugsweisen Abdrucks und der elektronischen Wiedergabe.

© 2022 Weber Verlag AG, 3645 Thun/Gwatt

**Konzept/Text:** Mit Unterstützung von Hilmar Gernet

**Weber Verlag AG:**
**Gestaltung:** Sonja Berger
**Satz:** Simon Rüegg
**Bildbearbeitung:** Simon Rüegg
**Korrektorat:** Laura Spielmann, Esther Loosli
Fotos aus Familienalbum und Privatbesitz

Der Weber Verlag wird vom Bundesamt für Kultur mit einem Strukturbeitrag für die Jahre 2021–2024 unterstützt.

ISBN 978-3-03922-161-5

Werd Verlag ist ein Imprint der Weber Verlag AG
www.weberverlag.ch

«Ich bin ein Indianer.»

«Stolz bin ich auf meine indischen Wurzeln – und ich bin ein stolzer Schweizer.»

«In der Politik habe ich einen Gestaltungsanspruch, keinen Machtanspruch.»

«Unternehmen sollten zwei Prozent ihres Gewinns für soziales Engagement abzweigen.»

«Eigentlich müsste ich ein Burnout haben.»

«Ich träume nie davon, Bundesrat oder Ständerat zu werden.»

«Politik in der EVP braucht den Mut zur Lücke.»

«Ich bin der Allein-Manager meiner selbst.»